昨日も今日も
おなじことしてる
きっと明日も
おなじことしてる
このままずっと
変わらないの？

奈良・薬師寺のお坊さんが
処方する108のことばサプリ

根《ね》来《ごろ》穆《ぼく》道《どう》

オレンジページ

はじめに

はじめまして。薬師寺の僧侶、根来穆道と申します。私の名前、たぶん読めないですよね。ねごろぼくどう、と読みます。

お坊さんって代々家がお寺というイメージがあるかもしれませんが、私は大阪・泉州のごくフツーの家庭に生まれました。大学では環境問題を学んだので、どちらかというと理系です。進路で悩んでいたとき、相談したゼミの教授から「キミは研究者としての才能はなさそう」とストレートなアドバイスをいただき、薬師寺のお坊さんになろうって思ったんです。環境問題を突き詰めると、結局は人の心がけの問題や、と。アツいですね、我ながら。

母が「青年衆」という学生ボランティアに参加していた関係で薬師寺には私も子どもの頃から出入りしていたので、人さまの前でお話しする機会が多い薬師寺なら、いつか環境問題についてもお話しできるんやないかと思ったんです。仏教について学び出したのは、お寺に入った二十三歳から。だいぶ遅いスタートです。

勉強しはじめたら、完全に沼にはまりました。仏教、奥深すぎ。特に薬師寺の宗派である法相宗《ほっそうしゅう》の「唯識《ゆいしき》」なんて、まぁ難しい。環境問題は一旦置いといて、まず仏教に向き合わねば、と思っているうちに、早二十五年が経《た》ちました。

学べば学ぶほど難しく、一生かけても学びきれへんと思いますが、この本を通じて少しアウトプットしてみる気になったのは、自分がさまざまな壁にぶつかったとき、仏教のことばがヒントになったからです。自分が本を書くなんて、とおこがましい気もしましたが、学んだことを自分だけの手に握っているほうが、むしろおこがましいのではないかと、これもご縁と思って書いてみることにしました。本当にまだまだ勉強途中で、しかもわかりやすくするために諸説あるところを自分なりの解釈で書いているので、詳しい方にとっては反論したくなる点もあるかもしれませんが、それはそれで、考えるきっかけになったということで、ひらにご容赦を。

お寺にはたいがい仏像がおまつりされているので、なんとなく神さまとおなじように思ってはる人もいるかもしれませんが、お釈迦さまって私たちとおなじく、父と母の間に、ゆうたら一人の〝人間〟として生まれてはるんですね。人として生まれ、苦しみを知って絶望しかけながらも、生きながらに苦しみを乗り越える方法を探し続けたのが、お釈迦さまの人生なんです、ざっくりゆうたら。私含め、普通の人ならいわゆるラクなほうへ逃げたくなりますが、お釈迦さまは苦しみから目を背けず、正面から乗り越えて悟りという真の喜びの境地にたどり着かはったんです。せやから、私は信仰以前に、お釈迦さまをまず人間として尊敬しています。

私は僧侶なので、仏教に対する信仰も持っていますが、読者の皆さんは必ずしもそうやないでしょう。でも、二五〇〇年前に実際に生まれ、亡くなるまでに苦しみの乗り越え方を考え抜き、そして悟った人のことばには、信仰を持たずとも人生に役立つ智慧《ちえ》が詰まっていると思います。仏教は、よりよく生きるための哲学なんです。

この本では、多くの人が苦しみそうな悩みを、煩悩《ぼんのう》の数とおなじ一〇八つピックアップし、それに答える形で仏教のええことばを一〇八つ選んでみました。最初から順に読んでもええし、悩んだときに自分の悩みに近いとこをパラッと見てもらってもええし、肩の力を抜いて眺めてみてもらえたらな、と思っています。苦しみに向き合い、悩み、乗り越えたお釈迦さまとその後に続く仏弟子たちがつむいできたことばが、あなたの悩みをボチボチでも軽くしてくれることを願っています。

合掌

もくじ

しい！　ルーズな周りを許せない／親ガチャ外れた／そんなん無理だろという目標を押しつけられて　とにかく辛い／そんなつもりはなかったのに　誤解されたまま嫌われてるっぽい／棚上げする人を見ると　フツフツと怒りがわく／「前の髪型の方が似合ってたよ〜」的な軽口が　トゲみたいに刺さって拘束してくる／どんなに悪くても絶対謝らないヤツがいる　ムカつくし　なんとかして謝らせたい／生粋のモブキャラなのにリーダーに任命された　ピンチ／一度キレるとずーっとキレちゃう　キレてる自分にキレそう／朝家を出たと思ったらいつの間にか夜　忙しすぎて余裕がない／堪忍袋の緒が切れそうで　怒りの沸点を超えそうです　どうにかやり過ごすには？／私はあなたじゃありません　自分のやり方を押しつけないで！／空気を読んで人に合わせすぎて　毎日めちゃくちゃしんどい／すっごい頑張ってて「応援ありがとう！」って振り返ったら　ハシゴがない／デキない人を見るとイライラする　内心絶対自分の方が優れてるって思ってる

第3章　グチグチ系煩悩　愚《ぐ》痴《ち》

「一億総活躍社会」って震える　活躍できる気がしませんけど／期待されるのはうれしいし　なんとか応えたい　でも結局めっちゃ疲れる／ほんとは好きなのに好きって言うのが怖い　断られて会えなくなるぐらいならこのままでいいや／人の不幸な話を聞くと　心のどこかで自分の方が幸せだって思っちゃう／恋人は一応いるし　嫌いじゃない　でも恋がなんなのかはわからない／個性個性っていうけど　個性的じゃなきゃいけないの？／私は私って思いたいのに　どうしても人と自分を比べてしまう／空気読めとかいうけど　空気は吸うものでしょ／自分らしさを大事にって言われて大事にした結果　どうも人に受け入れられないんだが？／口ぐせは「私なんて」／自分にいいところなんかないんじゃないかと思ってしまう／ほんとは人のことなんてどうでもいい自分のことで手一杯／失敗を恐れないなんて無理　失敗するぐらいならやりたくない／知ってる人とは話せるけど　大勢の人の前で話すのが怖い／仕事とプライベート　どっちも大事で　どっちもおっくう　バランスが取れない／泣きつかれて相談乗ってでもまたきっと似たようなことで連絡してくるんだろうなぁ／誰かを大事にしようとすると　自分の人生が犠牲になる／私は「私」の着ぐるみアクター　本当の自分かわからない　っていうか、本当の自分なんている？／見栄張ってついた小さい嘘　バレないためにまた嘘をつき　そしてまた今日も嘘をつく／整理整頓、料理、掃除。全部嫌いな私はオトナ失格？／ＬＯＶＥなのか　ＬＩＫＥなのか　どうなりたいのか　自分でもわからない／気づけば他人の悪口ばかり言っている　ちょっとスッキリ　ずっとドンヨリ／すっごく仲良くなった人なのに　アラが見えたら蛙化現象／こうだったらイイのにっていう自分に　全くなれない　近づけない／とにかく人に影響されちゃう　挟まれて白が黒に　黒が白になるオセロみたいに／友だちを都合よく使い分けてる気がするし　されてる気もする　本当の友だちはいないのかも／同世代の中で自分だけが　置いてけぼりくらってるかも

第1章

もっともっと系煩悩《ボンノー》

貪欲《どんよく》

「貪欲」ってどんなボンノー？

心を煩わせ、迷わせ、苦しめるモノ。人間誰しも大なり小なり、そんな厄介なモノをほかでもない自分自身の心の中に抱えています。それを仏教では「煩悩」といいます。目を曇らせ、よりよい生き方から遠回りさせてしまう煩悩のスリートップが、貪欲、瞋恚《しんに》、愚痴の「三毒」です。

貪欲は仏教では「とんよく」とも読みますが、書いて字の通り〝貪る欲〟。とにかく欲望を追い求め、次から次へとほしい、欲がノンストップな状態をいいます。

でもこの煩悩をうまくコントロールすれば、人生をよい方向に持っていくエネルギーにもできるんです！

しし 001

愛されたい　必要とされたい　居場所がほしい

愚かな者は、実にそぐわぬ虚《ひな》しい尊敬を得ようと願うであろう。修行僧らのあいだでは上位を得ようとし、僧房にあっては権勢を得ようとし、他人の家に行っては供養を得ようと願うであろう。

〔法句経　七三〕

愚かな人々は、どこにいようとも「自分が自分が」と真っ先に自分が前に出たがる。それで人から賞賛や尊敬を得たつもりになっていても、まがいものに過ぎないのに。

この後たくさん出てくる『法句経《ほっくきょう》（ダンマパダ）』はお釈迦さまご自身のことばに近いとされるお経のひとつです。

シンプルであり、ストレートに心に響きます。

人が人から必要とされたいと望むようになったのは今に始まった話ではないと思いますが、最近特に「居場所」を求める人が多い気がします。いつでも誰とでもやり取りできるのに、つながってるようでつながってない感じ、ありますよね。

のっけから「愚かな者」なんてゆわれたら凹んでまうかもしれませんが、まず落ち着いて考えてみてほしいんです。これを読んでるあなたは、今確かにそこにいはりますし、たった一人で生きているつもりでも、誰かしらかとはつながっています。たとえば、今日食べたものを、調理から材料までずーっと遡っていったら数えきれないほどの人が関わってはるはずです。気づかずとも、見えないつながりがあなたを支えているんです。

あなたの求める「居場所」は、たぶんそういうことではないんでしょうけど、多くを求めることは、「たとえば渇ける人、塩水を飲むに、渇き免れるよしなきがごとし」（『妙法聖念処《みょうほうしょうねんしょ》経《きょう》』）。つまり、喉が渇いたときに塩水を飲むようなもの。飲めば飲むほど、どんどん喉が渇いていってしまいます。外に求める前に、そして外へ発信する前に、まず自分の心を見てあげてください。あなた自身の心の中に、あなたの居場所を作ってあげてください。

しし 002

マウント取られたくない　マウント取りたい　マウント材料必死に作ってる

善い行ないのことわりを実行せよ。悪い行ないのことわりを実行するな。ことわりに従って行なう人は、この世でも、あの世でも、安楽に臥《ふ》す。

〔法句経　一六九〕

道理にしたがって善い行いをし、道理にしたがって悪い行いをしない。道理にしたがって行動する人は、この世でもあの世でも心安らかに過ごす。

よいことをして、悪いことをしない。子どもでもわかるようなごく当たり前のことなのですが、一〇〇％実行し続けるとなると難しいものです。

人から馬鹿にされたり、ナメられたり、そこまではなくても、なんかちょっと小馬鹿にされたり。そんな扱いを受けたくない！　という気持ちをバネにして正しい方向に努力する、っていうのはええことやと思うんです。でも「マウント取りたい」となると、人からされたらイヤなことを、する側に回ってしまいますよね。

最近、「スクールカースト」とかいいますが、それに類する上下関係のようなものは、大人になってもありがちな気がします。カーストとは本来、インドの身分制度のこと。私はインド、ブッダガヤの日本寺というお寺に通算三年半ほど駐在していたんですが、リアルなカースト制度の中で生きているインドの人たちは、生まれながらのカースト（身分）は前世の行いによるものであり、来世のために今世で徳を積むんだとナチュラルに信じています。それがいいか悪いかは別として、生まれながらの自分の立場を受け入れるところから人生をスタートさせているという点では、学ぶべきところがあると思います。

人からされたらイヤなことは、しない。まずはマウント合戦から降りてしまって、そのエネルギーを本来の意味で自分を磨いていくことに傾けてはいかがでしょう。

しし 003

あれもこれもやりたいことだらけで一日二四時間じゃ足りない　だから全部中途半端

一意専心《いちいせんしん》

ひとつのことに一生懸命。

「我武者羅《がむしゃら》」「遮二無二《しゃにむに》」「一心不乱」といった類似することばがたくさんあるのは、人生において脇目も振らずひとつのことに集中することが大切だからであり、それでいて「言うは易く、行うは難し」だからでしょう。ひとつのことに集中するのは、大人になればなるほどかえってハードルが上がる気がします。

やりたいことがたくさんあるというのは、幸せなことやと思います。私なんかは、もっと仏教の勉強をしたいと思いながら日々の膨大なタスクに追われて、毎日が過ぎてしまっています。それなのに、ミスもあれば、課題の持ち越しも(ため息)。

やりたいこと、やらなきゃいけないこと、どちらにせよ全部が中途半端なんやとすると、それは成果の数でいうたらゼロってことになってしまうかもしれません。もちろん、取り組んだことによって経験値がアップしたり、新たな知識を得たりしてるはずやから、何にも得るものがないということはないと思いますが、一個もちゃんとできてへん！っていうことに気づいてしまうと、私ならめちゃくちゃ焦ります。

「あれもこれも」の種類にもよると思うのですが、たとえば仕事しながら野球してサッカーして絵を描いて歌も歌って……となると、なかなか常人ではそれぞれの真髄、本当の面白さまで到達できへんと思います。趣味として楽しむならそれでええでしょうけど。

あれこれ試した中から軸になるひとつを選んで自分の中にキチッと据えておくと、色々やっているように見えても真ん中にある軸に還元されていきますし、何かひとつ成果を形にできると、自分の成長のマイルストーンにもなると思います。

004

三枚だけのはずだったポテトチップスを完食　自己嫌悪　でも　やめられない！　とまらない！

一杯人酒を飲み、二杯酒酒を飲み、三杯酒人を飲む。

［酒盃の銘（千利休）］

お酒を飲むときに、一杯目は自分で飲んで、二杯目からは酒の勢いで飲んで、三杯目からはお酒に飲まれる。

自分で始めたことなのに、気づけば行為の方に自分が振り回されるということです。お酒に限らず、食欲や娯楽などさまざまな誘惑に当てはめることができるでしょう。

千利休は、茶を喫《の》む文化に禅の教えを取り入れて茶の湯を大成しました。

ポテトチップスあるあるですね。私の場合は、般若湯《はんにゃとう》（お酒ともいいますね）とおつまみがどっちも空になってるってことがときどきあります。途中から惰性になってしまって、最終的には自己嫌悪に陥ってしまうという、地味な負のループ……。

特においしいお酒だと杯を重ねてしまいがちですが、だいたい飲み終わって思うのが、最初の一杯が一番おいしかったなぁ、ってこと。ポテトチップスも、おそらく三枚ぐらいが一番おいしいんやないでしょうか。おいしいって思えるうちにやめられればいい、そんなことはわかってる！　と思われるでしょうが、結局のところそういうことやと思います。

最初は自分が食べたくて食べ始めたはずやのに、それほど意識せずに食べ続け、ついには食べ切ってしまうのは、まるでポテトチップスに〝食べさせられた〟ようなもの。せっかくおいしいのに、それじゃかえってもったいない。三枚とはいいませんが、おいしいと思えるぐらいでおさめられると、セーブできた自分を褒めてあげたくなるはずです。残りは明日にでも、また食べられますしね。

005

運命感じて買ったものが部屋にあふれてる
魂宿ってる気がして捨てられないし　また買っちゃう

ジャスミンの花が萎れた花びらを捨て落とすように、貪りと怒りとを捨て去れよ。

［法句経 三七七］

花びらがしなびても、花はそれを無理やりに振り落とすようなことはしない。自然と落ちるだけ。そうして花が散るように、力むことなく欲をさらりと振り落とそう。

ヨガがインド発祥ということはご存知の通りですが、その歴史は古く、仏教成立以前に遡るといわれています。ヨガは身体《からだ》のトレーニングにとどまらず、心と深く結びついていて、お釈迦さま自身もヨガのようなことを修行に取り入れていたようです。そんなヨガには「断行」「捨行」「離行」という思想があります。入ってくるもんを断ち、いらないもんを捨て、物欲そのものからも離れる。これは仏教にも通じるアプローチやと思います。

ジャスミンに限らずどんな花でも、しおれた花びらは自然に落ちます。雨や風などの自然の働きかけで落ちることもあるでしょうが、いずれにせよ、無理に振り落としているわけではありません。時期が来ればぽとりと勝手に落ちます。

気に入らないものよりは、気に入ったものに囲まれて暮らしたいですが、「運命」を感じてしまうほどのモノって、かえってあなたを縛りつけてしまう気がします。人の心は移ろいやすいですから、気が変われば感じた運命もどこへやら。私もわりとコレクション癖があり、家には某アニメキャラクターの等身大フィギュアなんかもあります。でも引き取り手がいれば、譲ってもええかな。あなたの感じた「運命」も、実はもう期限切れしているかも。

006

SNS見てると自分以外全員キラキラして見える一人で「いいね！」ボイコットしてる

随喜《ずいき》

［大智度論《たいちどろん》］

周りの人々の喜びを、我がことのように喜ぼう。

「随喜善」というのもおなじ意味のことばです。周囲の人の喜びを、嫉妬や羨望などの混じりっ気なしで心から喜ぶことは、立派な善行なのです。

仏教では人を悪い方向に仕向けてしまう心の働きを「煩悩」と呼んでいて、一〇八つに細分化し、それぞれの煩悩にどうアプローチすべきかを説いています。お経というとお葬式や法事で聞いたことがあるぐらいの方が多いと思いますが、いわば〝煩悩対処法〟が書かれているお経っていうのも、実はかなりの量があります。

人を妬んだり、羨んだり、嫉《そね》んだり。その底に潜んでいる、自分が人に妬まれたり、羨まれたり、嫉まれるぐらいの名誉がほしいという気持ち。これを仏教では「嫉《しつ》」と呼んでいて、法相宗の唯識では「小随惑《しょうずいわく》」、つまり小分類にカテゴライズしています。小分類だから克服しやすいかというと、むしろごく身近な煩悩として、特に強く心に働くとされ、それだけ自分も深く大きく傷ついてしまうということになります。

他人の喜びを自分のことのように喜ぶことを「随喜」といい、『大智度論』では自分の善行を喜ぶよりも他人の善行を喜ぶ方が、功徳が大きいと説いています。自分の幸せだけでなく、誰かの幸せも喜べたら、それってハッピーな倍々ゲームやないでしょうか。誰かに心から「いいね！」できるあなたは、「いいね！」。

しし 007

家族も友だちもパートナーもいる　でも誰からも理解されてないって思う

摂《せっ》取《しゅ》不《ふ》捨《しゃ》

［観《かん》無《む》量《りょう》寿《じゅ》経《きょう》］

すべて受け入れて、ひとつも捨てない。

『観無量寿経』は、阿弥陀如来さまのお経です。阿弥陀さまは生きとし生けるものすべてを決して見捨てることなく受け入れ、苦しみのない仏の世界へと救い上げてくださる仏さまです。

人の本音はその人でない限りはわかりませんし、相手としてはあなたを理解しているつもりでも、あなたはちょっと違うなと感じているのかもしれません。せやけど、その人は多少なりともあなたを理解しようとしてくれてはるはずですよね。

どうしても不安なら「見て御座る」、誰かは見てくれてはると思っておいてください。たとえば、あなたの家族や友だち、仕事仲間。少なくとも、誰一人として救い漏らしのないようにと我々を護《まも》ってくださる、心優しい阿弥陀さま。誰一人として見捨てないなんて、人間には難しいことやと思いますが、それでもきっと誰かは「見て御座る」。

そもそもの話になってしまいますが、必要以上に「理解」を求めなくてもええんやないでしょうか？　身近な人々はあなたの全部を理解しきれてへんかもしれんけど、そばにいてくれてはるし、だいたいを受け入れてくれてはる。あなただってきっと、身近な人たちのすべてを理解してるわけやないんやと思うんです。それでもそばにいたいと思って、そばにいはるはず。肩の力を抜いて周りを見渡し、耳を傾けてみてください。見てくれてはるだけで、ありがたいことやと私は思います。

008

お金がない　お金がない　お金がない

ヒマラヤを金に変えても
人の欲望は満たせない。

［雑阿含経《ぞうあごんきょう》］

ヒマラヤのように大きな山を金塊に変えても人一人の欲望をすべて叶えることはできない。

「阿含」は「伝承された教え、その集まり」という意味を持つサンスクリット語「アーガマ」の音写。『阿含経』は初期仏教教典の総称で、漢訳では四つまたは五つのジャンルに分けられ、『雑阿含経』はそのひとつです。『雑阿含経』に含まれるお経は、全部で一三六二あります。

楽しむのにはもちろん、生きていくだけでもお金がかかります。電子マネーや暗号資産など、数字となったお金を追い求める人も増えているようですが、どれほどあっても満足できないのが、お金の怖いところ。お金の先にある贅沢を求める人もいれば、お金そのものを増やすことに執着する人、とにかく多くの人がお金に苦労し、振り回されています。

歌舞伎の『三人吉三《さんにんきちさ》廓《くるわ》初買《はつがい》』というお話に、大金を貸した相手が死んでしまったことを知った高利貸しが「冥土にゆかねば取れぬなら、死んで取りにゆかねばならぬ」と脇差に手をかけるチャリ場（箸休めにちょっと笑えるシーン）があります。そのとき居合わせた人が「死んで冥土へいった日には、守備よく金を受け取っても、この娑婆《しゃば》へは帰られませぬぜ」と止めるのですが、全くその通り。冥土（あの世）へ行って娑婆（この世）に帰れないのはもちろん、お金どころかあの世へ持っていけるものは、何ひとつありません。

現実的に、生きていくのにお金は必要です。でも、あなたが幸せか不幸せかを決めるのはお金ではなく、あなた自身です。あなたが本当にほしいと思っているのは、ほんまにお金でしょうか？　今一度考えてみてください。

009

あれこれやってあげても感謝されない感謝されたくてしたわけじゃないけど腹立つ

布《ふ》施《せ》

人に分け与えよう。

布施は三種類に大別されます。一般的にイメージされるのは、金品や衣服などのモノを与える「財施」だと思いますが、教えを説く「法施」と相手を安心させる「無畏施《むいせ》」は行いによる布施です。

「お布施」というと、一般的にはお坊さんにお金を渡すことをイメージするのではないかと思います。本来は、僧侶に僧侶の衣服を施すことでした。そこから自分の持っているさまざまなものを人に分け与えていくことへと変化し、「六波羅蜜《ろくはらみつ》」という仏教の六つの修行のひとつになりました。これがなかなか難しくて、パーフェクトな布施「三輪清浄《さんりんしょうじょう》の布施」を成立させるには、施す人・施される人・そして施すものそのすべてが清らかでなくてはなりません。施す人は「してあげた」って思ったらあかんし、施される人は「え？　こんだけ？」なんて思っちゃＮＧ。もちろん盗品とかヤバいモノを施すなんてもってのほか。

「ギブアンドテイク」ってことばが当たり前になってる世の中で、やっぱりちょっと自分が苦労して人の得や助けになるようなことをしたら「してあげた」って思ってしまうのも人情やとは思いますが、それは残念ながら正しい行いとはいえませんし、意外と相手にはうっすらバレてるものなのかもしれません。

あまりやりすぎてもおせっかいになるかもしれへんし、自分が誰かに何かして「感謝せぇや」って思わへん程度の親切をカジュアルに布施したらええんやないでしょうか。

ㄴㄴ 010

つるんでいる人はいるけど心を許してるかっていうと微妙

仏法の大海は信をもって能入《のうにゅう》となし、智をもって能度《のうど》となす。

［大智度論］

学ぶべきことがあまりにも多い仏法は、汲んでも尽きない大海のようだ。それでもまず、その教えの先に真理があるのだと信じることからその大海へと漕ぎ出よう。そして智慧の力によって、その大海を渡りきろう。

要約すると「まずは自分の目標を正しいと信じて、そして智慧と努力で目標へとたどり着きましょう」というようなことになると思います。

私には、ほとんど友だちがいません。自分では親しいと思っているけど、相手はそう思ってくれているかわからないというパターンと、席が近かったとかたまたま何かの会で一緒になったこととかをきっかけに、ふわ〜っと関わるようになった人（でもときどき連絡は取り合う）は〝友だち〟と呼んでええのかわからないというパターンがあります。

仏教を志す中で大切なものに「信」と「智」があります。おおよそですが「信」は「心のよりどころ（帰依《きえ》）」、「智」は「正しい判断力（智慧）」を意味します。このふたつが揃ってはじめてゴール（＝悟り）への旅の始まりとなるわけですが、『華厳経《けごんきょう》』に「信は道の元、功徳の母」とあるように、ふたつのうちまず定めるべきは「信」とされています。

誰かに心を許したいなら、「卵が先か鶏が先か」ではなく、自分が先にオープンになることです。相手がどう思っていようと、それは相手の問題です。少なくとも、自分が信じられると思っている人が一人でもそばにいてくれれば十分ちゃいますやろか。あ、でももちろん、そーでもない相手にまで開けっぴろげにする必要はありません。それこそ智慧の力で、信じるに足る相手かどうかをまず自分の目で見極めてくださいね。

しし 011

将来何になりたいのとか　夢は何って聞かれても内心「特になし」って思ってる

ものごとは心にもとづき、心を主とし、心によってつくり出される。もしも清らかな心で話したり行なったりするならば、福楽はその人につき従う。――影がそのからだから離れないように。

［法句経　二］

すべての物事は心を中心として、心によって生み出される。清らかな心での行いは、その人に幸せがついてくる。それは影が人から離れないのとおなじように。

家《うち》はもともとお坊さんの家系ではなく、私は一般家庭の出身です。大学では環境問題を学んでいて、大学院に進学しようとぼんやり考えていました。ところが、ゼミの先生から「研究者に向いてない」と言われて、さてどうしようかと進路に悩んでいたとき、ふと子どもの頃から親に連れられて通っていた薬師寺でお坊さんになろうと思ったんです。環境問題を突き詰めると人の心次第や、というところに行き着いたのと、一生勉強できるっていう下心が志望動機です。参考になるような、ならないような……。

ともかく、すべては自分の心から派生していくものです。夢や希望を持てないと悩んでいるなら、まずはちょっとでもいいので、素敵だなと感じるものに触れてみてください。気になる本を読んだり、会ってみたい人の話を聞いたり、今なら動画を観たりするのもええと思います。自分でちゃんと精査することを前提とするなら、キレイなものに触れるさまざまな機会がいくらでも持てるのが、ネット社会のいいところです。まずは自分がいいと思うものに触れて、自分をととのえ、歩きだす。そのあとに夢とか希望とかが、影のようについてくるもんなんやないかと思います。

しし 012

自分にとってメリットにならない人と付き合うメリットなんてある？

悪い友と交わるな。卑しい人と交わるな。善い友と交われ。尊い人と交われ。

〔法句経 七八〕

悪い人、さもしい人とは関わってはならない。善い人、尊い人と交流しよう。

仏教は人との関わりを断つことを推奨しているようなイメージがあるかもしれませんが、そんなことはありません。むしろ、人は人の中で生きることしかできないという前提で、どのように接し、どのような心構えを持つべきなのかが説かれているのです。

悪いヤツ、あかんヤツとはつるむな、デキる人、ええ人と関われ。お釈迦さまは、おなじようなことを繰り返し説いてはって、例えば、仏教の最古の経典のひとつ『スッタニパータ』にも「学識ゆたかで真理をわきまえ、高邁《こうまい》・明敏な友と交われ。いろいろと為になることがらを知り、疑惑を除き去って、犀《さい》の角のようにただ独り歩め」とあります。また、中国の古いことわざがルーツとされている「朱に交われば赤くなる」や、英語にもおなじようなニュアンスのことわざがあるそうなので、〝関わる人は選べよ！〟っていうんは、古今東西、人類の共通認識なんやと思います。

人は、関わる人や周りの環境の影響をとても受けやすいものです。自分に悪い影響しか与えてこないような人は「メリットにならない人」なんで、付き合わなくてええと思います。ただし、おごってくれるとか、社会的地位が高いとか、幅広い人脈があるとか、そういうとこで付き合う人を選ぶのは、人の持ってるもんを自分のもんにしたいという「取《しゅ》」という煩悩トラップに引っかかることになります。せやし、まずは上っ面ではない、人と関わる本質的な「メリット」について、考えてみる必要があるやろうと思います。

しし 013

友だちにすがったり　彼氏にすがったり　占いにすがったり　とにかく何かにすがりたい

依《よ》りかかることのない人は、理法を知ってこだわることがないのである。かれには、生存のための妄執《もうしゅう》も生存の断滅のための妄執も存在しない。

〔スッタニパータ 八五六〕

何にも依存しない人は、ものの道理を知ってもそれにもこだわることがなく、生にも死にもこだわらない。

仏教では、あらゆる生命は六つの世界（地獄・餓鬼・畜生・修羅・人間・天上）に生まれかわり死にかわる「六道輪廻《りくどうりんね》」を繰り返すとしています。ちなみに天に生まれても寿命があり、生死から離れられません。「悟りを開く」とは、輪廻から抜け出す、解脱することでもあるのです。

お坊さんという立場柄、よくいろいろな方から悩みを相談されます。初対面でも、わりとディープなお悩みをうかがうこともあります。じっくりお話を聞いて、参考になりそうな仏教の教えをお伝えするのですが、中には何度もご相談に来られ、「アレ？　これ、私（というかお坊さん）と接することに重点を置いてるんちゃうやろか」という気がしてしまうことがあります。そして、お見かけしなくなったな～と思ったら、ほかのお坊さんからその方におなじようにされてるっていう話を聞くという……。次から次へと、すがりつく先を乗り換えていくのは「寄る辺ない」（頼るところがない）からでしょうが、どんなに依存する先を探し回ったところで、逃げ水を追うようなもんやと思います。

誰だって、安心したい。できることなら誰かに寄りかかって守ってもらって、自分で考えたり悩んだりせず、判断を委ねたい。その方がずっとラクなのかもしれませんが、お釈迦さまは全然それをよしとしてくれません。お釈迦さまはお釈迦さま自身にすら、依存させてくれようとはしません。まず自分ありきやで、と繰り返しゆわはります。一度足元を見てみれば、しっかり立ってる己が足。安心して。

014

ついついゲームに熱中して課金して気づけば朝虚無感やばい

花を摘むのに夢中になっている人が、未だ望みを果さないうちに、死神がかれを征服する。

［法句経　四八］

花を摘むことに夢中になって、本来やるべきことをできないままに、気づけば寿命が尽きてしまう。

目の前の物事に右往左往したり、そのときどきの感情に振り回されたり、欲に執着したりして、本来の目標を忘れがちなのが人間です。仏教では繰り返し「目的を忘れるな。本当に大切なことに集中しよう」と訴えています。

わかる～。あるあるだよね～。動画流し見しながら、隙間時間に遊べるスマホゲームをなんとなくやり続け、微妙にクリアできなくて、ついネットスラングでいうところの「課金」、つまりお金までかけて、気づけば丑三つ時！　みたいな。……ごめんなさい。反省です。ソフトを買ってじっくりゲームを堪能していた昔の方がまだマシやったかも。

『法句経』はお釈迦さまが生きてはった頃に弟子たちに語ったことばをまとめたといわれている古い経典で、紀元前には存在していたとされているのでゆうに二〇〇〇年以上前のテキストなわけですが、ゲームに時間を忘れてしまう仏弟子に仏罰を下す耳の痛い一節です。本来やるべきことじゃないことに熱中しているうちに本望を忘れ、自分の時間、ひいては命が削られている。まさに虚無感やばいです。

でも、虚無感やばいと感じるということは、それが本来やるべきことやないということには気づいているということやと思います。やっちまった、時間ムダにしたって虚無感に苛まれるくらいに、本来やりたいことがちゃんとあるはず。頑張って思い出してみてください。私も思い出したので、この本書いてます。

しし 015

職歴欄が足りないぐらい転職してる私に見合う居場所はある？

骨で城がつくられ、それに肉と血とが塗ってあり、老いと死と高ぶりとごまかしとがおさめられている。

［法句経　一五〇］

骨によって形作られ、骨を土台に肉や血が覆う。それが人の身体である。そしてその身体の中には、死、老い、傲慢、ごまかしが入っている。

仏教には、身体を不浄なものと観じる「不浄観」という修行があります。身体という自分の居場所も、常に変化し続けるものであり、不浄なものであると気づくことで、執着を断つことができるとされています。

お釈迦さまって、今のネパールとインドの国境あたりにあったカピラヴァストゥという国の王子さまやったんですね。小国とはいえ、生まれながらに地位や名誉や財産なんていう、およそ一般人が一生かけて追い求めがちなものはだいたい手にしてはったと思うんです。妻子にも恵まれ、何不自由ない暮らしを送っていたのに、一歩城の外に出て目の当たりにした現実にビックリ&大ショック。その後、家出＋出家し、大変な苦行の末に悟りを開かはるわけです。王子から行者、そしてブッダ（目覚めた人）へ。最初から出来上がっていたわけではなく、転々としながら悩み苦しんで、ちょっとニュアンスあれやけど〝自分探し〟の人生を送ってはると思うんです。だからこそ私は、仏教ええなと思うんです。

自分の居場所は、自分の身体ひとつ。死に向かって、老いていく、これを避けることはできませんが、「私に見合う」といった慢心や偽善は、かえって自分が望む環境を遠ざけている可能性大です。まず自分がどうしたいか、今いる場所で得られるものはないのか、よくよく思い返してみてください。もしどうしてもここじゃないと思うなら、お釈迦さまが人生に対する目を開き、城を捨てたときの覚悟をぜひ見習ってください。

しし016

王子さま、待ってます 白馬に乗って早く迎えに来いマジで

自分をほめたたえ、他人を軽蔑し、みずからの慢心のために卑しくなった人、――かれを賤しい人であると知れ。

［スッタニパータ 一三二］

自分を上げて、他人を下げて、自らの心の持ちようで自分自身をさもしくしてしまった人。そんな人が品位を欠いた人だと知ろう。

自分を王子さまが迎えに来るだけの人間だと思い上がり、さらに来てもないのに「早く迎えに来い」と上からものを言うなんて、だいぶ重症です。そんな〝自分上げ他人下げ〟を「不自讃毀他戒《ふじさんきたかい》」ともいいます。

お釈迦さまは王子さまでしたし、結婚もしてはりました。お一人やありません。三人のお妃さんがいはったそうです。このうち正妻のヤショーダラー姫との結婚にあたっては、婿選びの儀式「スヴァヤンヴァラ」、いわば争奪戦を制して結婚したともいわれており、さらにはラーフラさんという子までなしています。……が、ご存知の通り、お釈迦さまは出家しはります。もちろん妻子を国に残してです。現代なら炎上案件ですが、姫は夫が悟りを開いて帰ってくる日を指折り数えながら貞節を貫きます。でも、悟りを開いて一度は帰城したお釈迦さまは再び旅立ってしまい、しかも我が子までその後を追って出家してしまいます。超絶悲報。さぞや夫を恨んだことでしょう。そんな姫の悲痛は『未曾有因縁経《みぞういんねんきょう》』にも説かれています。ただ、姫がすごいのはここから。自分の望みが束の間の儚いものであることを知り、お釈迦さまに帰依して出家、教えを受けて悟りを得るに至るんです。

王子さまが迎えにきても、こんなパターン、あるんですよ。願えば叶うなんてこと、ないです。人任せの**CHA**NCEを待つより、**CHA**LLENGEして、**CHA**NGEする。物事全部**チャッチャッチャ**！まずは、甘い考えをチャラにしましょ。

しし 017

可愛いは正義だし　綺麗は権力　できることなら全面工事してでも理想の顔面になりたい

人の身の五尺六尺のたましいも一尺の面にあらわれ、一尺のかおのたましいも一寸の眼の内におさまり候

[妙法尼御前御返事《みょうほうあまごぜんごへんじ》（一句肝心の事）御書本文]

その人の本質は顔にあらわれ、顔の中でも眼に本質があらわれる。

『過去現在因果経』には、悪魔（マーラ）の差し金で三人の美女がお釈迦さまを誘惑するも「姿形は美しくとも心が正しくなく、淫らで善良ではない」と追い払われ、老婆に一変するというエピソードがあります。本質が宿るのも、本質を見抜くのも眼なのです。

江戸時代には嫁入り道具のひとつとされていたという『玉耶経《ぎょくやきょう》』というお経があります。その主人公・玉耶さんがヤバい！　インド随一とされる美貌を鼻にかけ、起きている間にすることといえば鏡の前で姿を整えるか、キレ散らかすか。夫もないがしろにするので、困り果てた舅のスダッタさんはお釈迦さまに泣きつきます。お説教なんか聞きたくない玉耶さんは押し入れに隠れますが、お釈迦さまは丸っとお見通し……どころか、家を透明化（！）。身体を丸めて隠れるダサい姿を人前に晒され、「真の美とは、やがて老いゆく身体ではなく、あらゆる悪を除きゆるがない心にこそある」と説かれて、さすがの玉耶さんも改心したといいます。ちなみにスダッタさんはコーサラ国の大富豪で、かの有名な寺院「祇園精舎」をお釈迦さまに寄進してはります。

整形とかアンチエイジングとか、今はいろいろな技術があるようですから、ルックスへの執着を帳消しにできるなら、してもええんちゃいますかね。でもそれで慢心したり、新たな執着につながってしまうなら、「画竜点睛」の目を欠いているようなもの。眼球そのものは整形できないそうですが、心ももちろん、整形できませんよ。

しし 018

「普通の幸せ」がほしいだけなのに

尊敬と謙遜と満足と感謝と（適当な）時に教えを聞くこと、――これがこよなき幸せである。

［スッタニパータ 二六五］

人を尊敬すること。驕りたかぶることなく、今得ているものに満足し、感謝すること。加えて、必要なときに教えを聞くこと。それがこれ以上ない幸せ。

仏教では、さまざまな角度から幸せとは何かを説いていますが、いずれにおいても他人と比較して感じる幸せは本来の幸せとは認めていません。

そもそも「普通」ってなんやろう？　そう思って検索してみたところ『デジタル大辞泉』（小学館）では、なんとなくイメージする「普通」の説明の最後にこう書かれていました。

（「に」を伴って）俗に、とても。「―においしい」

ひと昔前なら「超面白かった～！」って言うところを、最近は「普通に面白かった～！」って言ったりするんですね。普通にゲシュタルト崩壊しそう！

『スッタニパータ』の「こよなき幸せ」という節には、このことばのような素朴な幸せが例示されています。美しい神さまがお釈迦さまに「最上の幸福を説いてください」と問いかけるという、普通じゃないシーンから始まりますが、そこで説かれている「こよなき幸せ」を自分の「普通」、スタンダードにできたら、幸せやと思います。

薬師寺では食事の前に読誦する短いお経があるのですが、その最後にみんなで「喜びと感謝と敬いの心をもって、いただきます」と唱えます。今日も元気でごはんがうまい。それが当たり前、「普通」なら、それで十分なんやないでしょうか。正体不明の「普通」なんかに振り回されず、自分サイズの幸せに「有難う」を。

しし 019

こんなに頑張ってるのに！周りが私を評価してくれない

恥ずべくんば明眼《みょうげん》の人を恥ずべし

［正法眼蔵随聞記《しょうぼうげんぞうずいもんき》］

他人からどう思われているかを気にするのなら、物事をよく見渡せる人からの評価を気にしよう。

どこからどこまでを「周り」として評価を得たいと思っているのでしょうか。承認欲求が拡大すれば、それは地位や名誉への欲につながります。

自分でゆうんもナンですが、私は褒められて伸びるタイプです。ただ、厄介なことに誰からでもってていうわけやなくて、自分が尊敬してる人に褒められたいんです。せやし、曹洞宗の開祖である道元禅師さんが「明眼（物事の通りをよく見通す）の人」のことは「恥ずべし（気にしなさい）」とゆうてくれてはるのは、心強いです。

煩悩とは、人間のあらゆる欲のことをいいます。誰かに認められたいという承認欲求も、厳密には煩悩のひとつです。ただ、煩悩＝悪や罪というわけやありません。評価されたいと欲することは、向上心のあらわれでもあります。煩悩パワーを正しい方向に使って、自分の成長につなげるエネルギーにすればＯＫ！

でも、リップサービスかもしれない褒めことばや、知らない誰かからの「いいね！」なんかにちょっといい気になっちゃったりしてきたら、ご用心。「実るほど頭を垂れる稲穂かな」ということわざもあるように、よい方向に煩悩パワーを使えていたら、煩悩を手放すことで心が成長し、謙虚になっていくものです。努力の目的が評価を得ることにすり替わってしまったら「骨折り損のくたびれ儲け」になりかねませんよ。

しし 020

モテたい！ モテたい！ モテたい！ でも全然モテない！

身体がむらむらするのを、まもり落ち着けよ。身体について慎んでおれ。身体による悪い行ないを捨てて、身体によって善行を行なえ。

［法句経 二三一］

身体がムラムラとしたらクールダウンし、軽はずみなことをしないように身を慎もう。身体が悪さをするのをコントロールし、善い行いのために身体を使おう。

ムラムラは衝動的に発生するものです。いわばエマージェンシーです。非常事態には、常日頃の心構え、身構えで備えておくことが大切です。

……たぶんご自分でもわかってると思うんです。モテたいと思ってもそうなかなかモテへんし、世間一般のモテる条件を自分が持ってるかっていうたら、ねぇ。少なくとも、私は全然モテる要素ないです。お坊さんやし、モテなくていいんですけどね。

欲は、うまくすれば自分を成長させるエネルギーとして活用できます。仏教でもそれは認められています。「嘘も方便」といいますが「方便」はもともと仏教のことばで、お釈迦さまが人々を悟りへと導くための便宜的な手段というような意味です。四〇年ほど続いているというNHKラジオの番組「子ども科学電話相談」では、宇宙や生き物などさまざまな分野の先生方が、専門用語の通じない小さな子どもたちに理解できるように必死に説明してはります。難しいことをやさしく説明することほど難しいことはないのでしょう。

ただし、お釈迦さまはこのテのことにはとても厳格です。モテたい人はえてして、モテるだけでは満足できないもの。その根っこにある欲に対して、どストレートに「ムラムラするな」ゆうてはります。「モテたい」という気持ちを、人さまから大切にされるような自分になりたいという「方便」にしましょう。案外、モテるようになるかも!?

しし 021

半分どころか不幸はゼロにしたい　幸せだけ無限にほしい

姉を功徳天《くどくてん》と云い人に福を授け、妹を黒闇天《こくあんてん》と云い人に禍《わざわい》を授く。此二人、常に同行して離れず

［涅槃経《ねはんぎょう》］

姉は功徳天(吉祥天)といって、人に福を授けてくれる。その妹は黒闇天といい、人に災いをもたらす。この姉妹はいつも一緒で離れることはない。

黒闇天さんは、別名「黒耳天《こくにてん》」ともいい、例は少ないですが、奈良県生駒の信《し》貴山《ぎさん》朝護孫子寺《ちょうごそんしじ》・奥の院などにおまつりされています。ちなみに、吉祥天さんは毘沙門天さんの奥さんです。

法要ってそれぞれ目的をもって、その目的に応じた仏さま（＝ご本尊）に対して執り行うものなんです。毎年元日から十五日の「修正会《しゅしょうえ》」は、新たな年の天下泰平・五穀豊穣・吉祥招福などを祈願する、吉祥天さんをご本尊とする法要です。薬師寺の修正会で三が日に掲げる国宝「吉祥天女画像」の吉祥さんは、ふっくらとした唐美人で、左手には宝珠をのせ、カラフルな衣装をふわりとまとってはります。三日で飽きひん美人です。

この吉祥天さんには妹さんがいはります。黒闇天さん。お名前からしてダークサイド感漂ってますが、まさにです。ルッキズムとか言い出すずっと前の時代の話なのでゆうてしまうと、容姿は醜く、災いをもたらす神さまです。でもこのおふたり、ニコイチ、つまりおふたりでワンセットなんです。吉祥さんが訪ねてきて大喜びして迎え入れると、すぐ後から黒闇さんも着いて入ってきちゃう。黒闇さんだけを追い返そうとしても、吉祥さんまで一緒に出てっちゃうんだそうです。

幸不幸が表裏一体であることを「禍福は糾《あざな》える縄の如し」といいますが、人生ええことだけってわけにはやっぱりいかないもの。あらかじめ、イヤなことも起こるものと思って、リスクヘッジしておくほうがあなたのためやと思います。

飛天《ひてん》

薬師寺の東塔のてっぺん、「水煙《すいえん》」にレリーフされている。手に持っているのは「華籠《けこ》」(カバーでは薬箱にアレンジ)。

第2章

イライラ系煩悩

瞋恚《しんに》

「瞋恚」ってどんなボンノー？

人を苦しめる煩悩の原因をひと言でいうなら「思い通りにいかない」こと。瞋恚は、他人が自分の意のままにならないこと、他人のものが自分の手に入らないことによって怒り、憤るタイプの煩悩です。煩悩の中でも特に他人に対する攻撃に転じやすい傾向があります。「怒りに火がつく」「烈火の如く怒る」など、怒りは〝火〟に関連づけて表現されることが多いですが、まさに言い得て妙で、一度怒りが着火してしまうと延焼するスピードが速く、どんどん範囲も広がって、他人にも自分にも甚大な被害をもたらします。

マッチ一本火事の元。火は小さなうちに消し止めるのが最善策といえるでしょう。

022

仲間だと思ってた人から　背中を撃たれてる

怒らないことによって怒りにうち勝て。善いことによって悪いことにうち勝て。わかち合うことによって物惜しみにうち勝て。真実によって虚言の人にうち勝て。

［法句経 二二三］

怒らないことで怒りを乗り越えよう。善いことによって、悪いことを塗り替えよう。分け合うことで、ケチな気持ちを消し去ろう。そして真実で、嘘つきに打ち勝とう！

「プラマイゼロ」からさらに一歩進めて「マイナスよりも大きなプラスで乗り越えよう」という乗り越え方こそが、目指すべき正しい「鋼のメンタル」の鍛え方といえるでしょう。

お互いに悩みを相談し合ったり、ときには愚痴り合ったりしながら、ひらめいたアイデアを話してみたら「それ、ええやん！」って背中を押してくれて、いざ会議なんかで提案してみたらみんなの反応は微妙……。せめてあの人だけは、と思ってチラッと見てみたら、目を合わさないどころか、反論する側に同意してたりなんかして。想像するだけでもイラッとしますし、やるせない気持ちになります。

でも、自分も含めて、人の心は変わりやすいもの。また、心変わりはしていなくとも、周りを敵に回してまであなたの味方につくほどの勇気を持ち合わせていないのかもしれません。反射的にイラッとするのは、人間誰しも止められへんと思いますが、ＳＴＡＹ　ＣＯＯＬ！　どんな状況でも、安定した心で正しいことをしていれば、少なくともあなたがあなた自身を裏切ることにはなりません。ジタバタと悪あがきしたり、背中を撃ってきた人にやり返そうとしたりすれば、かえって自分の品格を損なうことになります。

人の心は変えられない。変えられるのは自分の心だけ。悪い感情にとらわれず自分の本分をクールに貫き通すことが、あなたをステージアップさせてくれます。

023

アドバイスされても攻撃されてる気がして先にキレちゃう

「かれは、われを罵った。かれは、われを害した。かれは、われにうち勝った。かれは、われから強奪した。」という思いをいだく人には、怨みはついに息《や》むことがない。

［法句経　三］

「あの人が私の悪口を言った。あの人が私を傷つけた。あの人が私を負かした。あの人が私から奪った」。そんな考えの人は、怨みがなくなることがない。

あくまでも「自分は正しい」と妄信してしまっているところから、ボタンをかけ違えているのです。

「売りことばに買いことば」っていいますが、アドバイスは売りことばやありませんよね。それを内心わかっているのに反発してしまうのは、負けず嫌いなのでしょう。でも、負けたくないと思うなら、それは誰かに対してではなく、自分の成長を妨げてしまう煩悩にこそ負けたらあかんのやと思います。

仏教では正しい教えに耳を傾けることを「聴聞《ちょうもん》」といいます。これは修行の始まりにして基礎、つまりとても大切。初期の仏典である『ウダーナヴァルガ』では、聴聞によって諸法を理解し、罪障を退け、無益なことをやめることができ、涅槃を得る（＝悟りを開く）ことができると説かれています。聞く耳を持たないことは、自分で自分の成長機会を失わせてしまっていることになります。実にもったいない！

田んぼや畑に豊かに作物が実るのは、まず土をしっかり耕すことから始まります。人のことばに耳を傾けることは、心を耕すこと。アドバイスは、心の栄養。せっかくのチャンスを無駄にせず、自分のために活かしてください。

024

多分絶対あいつわざとだ　ムカつく　ムカつく　ムカつく　ムカつく！

違縁《いえん》

［往生要集《おうじょうようしゅう》］

よくない縁で物事に進むこと。

ものの道理や人倫に外れるような行動をして仏道（目標）から離れること。「逆縁」ともいいます。

のちに、仏教を批判することをきっかけ（縁）に仏道に入ることとも考えられるようになりました。たとえるなら、アンチだったのに追ってるうちにファンになっていた、みたいな状況です。

種を蒔いたら、花が咲く。でも、日光や水、手入れなどのいろんな条件がととのわなければ、花が咲かないこともあります。仏教では、種を「因」、花を「果」とすると、諸条件を「縁」といいます。あらゆる物事には原因があって結果に結びつくとされるとともに、縁によって左右されてしまうと考えられています。

お釈迦さまに始まった仏教がインドから大陸を経て日本に伝わり現在に至るまでおよそ二五〇〇年、仏教はさまざまな宗派に分かれていて考え方もいろいろなのですが、誰もが生まれながらに持っている仏さまの心＝「正因《しょういん》」を、智慧＝「了因《りょういん》」によって気づき、善行＝「縁因《えんいん》」によってブラッシュアップしましょう、と説く考え方があります。みんなが正しいゴールを果たせる可能性があるとしても、どうスタートを切り、どう走るかで本来目指すべきゴールにちゃんとたどり着けるかが変わってくるということになります。

「人の振り見て我が振り直せ」と反面教師にするしかないぐらい、ムカつくことを平気でしてくるような人に心が影響されて入口を選ぶと、「違縁」になってしまいます。あなたに嫌がらせしてくるような人とは、縁がない。いや、なくていいです。スルーしちゃいましょ！

025

やる気ない人に どうやったらやる気出してもらえる？

縁なき衆生は度し難し

［法華玄義《ほっけげんぎ》］

きっかけを自らつかもうとしない人は、仏さまでも救いにくい！

どんなに得難く、素晴らしいチャンスがあっても、見逃す人もいます。どれだけ助けの手を差し伸べても、差し伸べられた手を握るかどうかは相手次第なのです。

仏教では、人に向き合うことを「対機《たいき》」といいます。人って生まれてきた環境も違えば、能力や素質、思想など、まさに「十人十色」ですよね。せやし、お釈迦さまから直接教えを受けた人々もみんながみんな、最初から聞く耳を持っていたわけではありません。

お釈迦さまは、コミュニケーションを取りながら相手を見極め、心がほぐれてきたタイミング（機）を見計らって、その人に伝わりやすいことばで教えを説かはったそうで、これを「対機説法」といいます。また、最初から難しいことゆうても伝わりづらい人には、入門的なことから順序立てて説いていくステップ式の「次第説法」を展開します。古代インドの仏教詩人・マートリチェータは『百五十讃』で「あなたは問われて答えないときもあったし、わざわざ出向いて語りかけたこともある。聞く気持ちを起こさせてから語りかけたこともあった。あなたは口を開く時機と相手を知っていたのだ」とお釈迦さまを讃えています。

とはいえ、話を聞くかどうかはやっぱりその人次第。あれこれ試してもどうにもならなければ、相手にとってのきっかけ（縁）がないと諦めるのも手です。どんな人のことも救わずにはいられない、優しい阿弥陀さまに後をお任せしちゃいましょう。

026

謝ったら負け（そもそも私は悪くない）

かれ是とすれば、われ非とす。われ是とすれば、かれ非とす。われ必ずしも聖にあらず。かれかならずしも愚にあらず。ともにこれ凡夫《ぼんぷ》のみ。是非の理、たれかよく定むべけんや。

［十七条憲法　十条］

彼が正しいなら、私は正しくない。私が正しいなら、彼は正しくない。絶対に私が素晴らしいわけではなく、絶対に彼が劣っているわけではない。どちらもおなじ普通の人間だ。どちらが正しいかなど、誰が決められようか。

積極的に仏教を国作りに取り入れた聖徳太子が推古天皇十二年（六〇四年）に制定した日本最初の成文憲法『十七条の憲法』は法律というより、こうした道徳的な訓戒をまとめたものでした。

仏教では、罪を滅ぼし、身を清めることを「懺悔《さんげ》」といいます。奈良の古いお寺では、毎年旧暦二月ごろに「修二会《しゅにえ》」という法要をするのですが、その主旨が、まさに懺悔。十種の造花をご本尊に供えることから、薬師寺の修二会は「花会式《はなえしき》」とも呼ばれるんですが、この法要に籠る「練行衆《れんぎょうしゅう》」に選ばれたお坊さんたちで一週間合宿して、一日六回「薬師悔過」をします。お薬師さまの前であらゆる人々の過ちを悔いたうえで、国家安穏、万民豊楽を祈ります。ときには激しい所作を繰り返しながら、叫ぶようにお経を唱えるんです、全力で。

人はどうしたって、意識しているものからしていないものまで、煩悩によってアレコレ罪を犯してしまうもの。例えば、一生懸命やっているのに理不尽なダメ出しなんかされちゃ、すんなり謝るなんて無理ですもんね。私だってもちろん、そうです。

せやけど、相手と自分、どちらかだけが悪いのか、そして悪い方が負けなのか、そんなふうに考えてしまう時点で、もう負けているんです、煩悩に。知らず知らずの過ちについては、薬師寺のお坊さんたちがあなたの分まで謝って、幸せを祈っときます。せやから、自分であかんな、と思うことがあったら、サッと謝って、気持ちよく前に進んでください。

027

次から次へとアレやれコレやれって……人からの要求をかわしきれなくてボロボロ

喫《きっ》茶《さ》去《こ》

［趙州録《じょうしゅうろく》］

ひとまずお茶でも飲みましょう。

……という解釈は実は後から転じたもので、本来は「お茶飲んで出直してこい」というお叱りのことばだったそうです。でもやはり私は「まずはひと休みして、心にゆとりをもって取り組みましょう」という解釈を採りたいです。

古代中国・唐代の趙州従諗《じゅうしん》禅師（禅宗のお坊さん）の元へ旅の僧が訪れます。趙州さんがその人に「ウチ来たことある？」と問うと「ないです」との返事。「まぁ、下がってお茶でもしてきなはれ」と、趙州さん。また別の僧がやってきて「ウチ来たことある？」と聞くと今度は「あります」と言われますが、この人にも趙州さんは「まぁ、下がってお茶でもしてきなはれ」と言います。趙州さんのお寺の院主《いんじゅ》（事務員）さんが不思議に思い、来たことない人にも、ある人にもお茶してこいってゆわはるのなんでですか？　と尋ねると趙州さんが「院主はん」と呼びかけるので院主さんが「はい」と応えると、やっぱり「まぁ、下がってお茶でもしてきなはれ」と返す趙州さん。まさに禅問答です。

その心は？　と考えても答えはなかなか見つかりそうもありませんが、アレやれコレやれって言われて頭真っ白になってしもたら「まぁ、お茶でもしてきなはれ」。他人からの指示で動くのではなくて、あくまでも行動の主体はあなたやないとあきません。「急《せ》いてはことを仕損じる」。ときにはティーブレイクして、リセットしましょ。

028

天は二物も三物も与えてる
私は一個も持ってない

五姓各別《ごしょうかくべつ》

［成唯識論《じょうゆいしきろん》］

人が先天的に持つ素質は五つあり、あらかじめ決まっている。そして変わることはない。

厳しいことをいうようですが、才能は生まれ持つものです。まずはそういうものだと諦める（明らかに見る）、受け入れることから始まります。

でも、センスは後から磨けますし、自分の才能を信じて積み重ねた努力は裏切りません。

唯識の教えでは、あらゆる人は生まれながらにして悟りを開く才能（機根《きこん》）がある……とは限らない、と説かれています。才能もあり、よい行いを自然と積めて悟りを開けるタイプ（菩薩定姓《じょうしょう》）から、独りで努力し、頑張ればある程度の悟りを開けるタイプ（独覚《どっかく》定姓）、独りではひらめくことはできず、自力で悟ることもできないけれど、先人の話を聞くことで悟りに近づけるタイプ（声聞《しょうもん》定姓）、本人の努力次第で到達点が変わってしまうタイプ（不定姓）までの四姓は、悟りを開ける可能性があります。最後の「無《む》性《しょう》有《う》情姓《じょうしょう》」というタイプは、才能がない＝正しい教えに従って努力をしたとしても、永久に悟れへんとされています。めちゃくちゃシビアですよね。この考え方には、例えば天台宗の最澄さんなんかが「そんなはずない！」と異を唱えたりして、解釈は分かれるところです。

ただ、誰がどんなセンス（機根）を持っているかわかるのは、お釈迦さまだけ。才能があるってわかればその道で努力すればいいので早道やけど、そうはいきません。自分に才能があるかないかを先に知ることはできへんから、まずは行動あるのみ。やれるかやれないかより、やりたいことにトライしはったらええと思います。

029

申し訳ないけど友だち扱いされるのも ありがた迷惑　ＦＯ（フェードアウト）していい？

また六事《りくじ》有り。銭財日に耗減《もうげん》す。一には飲酒を喜ぶ。二には博掩《はくえん》を喜ぶ。三には早臥晩起《そうがばんき》を喜ぶ。四には客を請ずるを喜び、また人をして之を請ぜしめんと欲す。五には悪知識と相従うを喜ぶ。六には憍慢にして人を軽んず。

〔尸迦羅越六方礼経《しからおつろっぽうらいきょう》〕

一、酒に溺れる。二、賭けごとにふける。三、早寝遅起してダラダラする。四、人を招いたり、招かれたりしたがる。五、悪友とつるみたがる。六、傲慢に他人を軽んずる。これら六つのことを喜ぶことで、財産は日に日に減っていく。

亡き父の教えにより、理由もわからないままに東西南北と天地の六方を礼拝していた若者・シンガーラ(尸迦羅越)に、通りがかったお釈迦さまがその理由を説いたお経の一節です。

お坊さんの私がゆうたらほんまはあかんけど、人の神経を逆撫でてくる人っていますよね。修行が足らん自覚はあるので、自分で自分を説得して制御する努力はしてるつもりなんですが、瞬間湯沸かし器のような苛立ちには、それも間に合わないことがあります。

仏教では基本的に、正しい心の持ち方をアレコレと説きます。人に対してもそうで、例えば「四摂法《ししょうぼう》」とゆうて、得たものを人と分かち合う「布施」、優しく慈愛に満ちたことばで語る「愛語《あいご》」、見返りを求めず相手のためになることをする「利行《りぎょう》」、相手とおなじことをおなじ立場に立って行動する「同事《どうじ》」を勧めます。ただしこれ、善友に限る、なんです。

意外かもしれませんが、お釈迦さまは悪友とは関わらんでええで、とゆうてくれてはります。自分の利益だけを優先して利用してくる人、口先だけの人、ええ人と見せかけて裏の顔がある人、遊び人などは、むしろ即F〇推奨。そんなんと関わるぐらいなら、一人でおった方がええでと説いてはります。だいぶ気がラクになりますよね。

善友と悪友を見分けるコツは、ことばではなく行動。例えば、ことばは乱暴でもあなたのことを心配してくれてる人は、善友です。よく見極めて。

030

私は正しい！　ルーズな周りを許せない

正見《しょうけん》

正しい見解。

私たちはえてして自分が正しいと思い込み、その自分なりの正しさに従って行動します。それが他人の正しさと相《あい》容《い》れなかったときに、争いが起こります。ここでいう「正しい見解」とは、誰が見ても正しいといえるものの見方のことをいいます。

そもそもの話ですけど、あなたは悟りたいですか？　ドン引きされそうですね。仏教的な議論はさておき、「悟る」と、常にかたよることなくニュートラルな状態を保てるようになるんやろうと思います。余計なものは何もなく自然体、かろやかかやけど満ち足りてる感じなんかな。ええなぁ。修行中の私は、現状苦しいばかりですよ。

そんな理想的な境地としての「悟り」にアプローチするための基本が、「四諦八正道《したいはっしょうどう》」です。人生は思い通りにならないから苦しい（苦諦）。思い通りにしたいのは、煩悩ゆえ（集諦《じったい》）。理想の境地を目指すには煩悩を滅さねば（滅諦《めったい》）！　そのためには「八正道」を実践しよう（道諦）。これが「四諦」です。「八正道」とは正しく見て（正見）正しく考え（正思惟《しょうしゆい》）正しく語り（正語）正しく行い（正業《しょうごう》）正しく暮らし（正命《しょうみょう》）正しく励み（正精進《しょうしょうじん》）正しく意識し（正念）正しく集中する（正定《しょうじょう》）こと。ちなみに「正」とは、真理に沿っているということをいいます。自分とか世間にとっての正しさではありません。

書くだけなら簡単なんですけどね〜、まず正しく見ることが難しい。うっかり自分の見方を「正しい」と思い込んでしまいがちですから。周りを許せなくなってるってことは、相当かたよってる可能性大です。まずは自分のものの見方を振り返ってみてください。

031

親ガチャ外れた

生処《しょうしょ》の父母《ぶも》の交会《こうえ》するを見て倒心を起こすなり

〔阿毘達磨倶舎論《あびだつまくしゃろん》　結生門〕

これから生まれるべき父母の姿を見て、自らこの父母の元に生まれようという気を起こす。

略して『倶舎論』ともいわれるこのお経では、人は自分が生まれるときにこの両親の元に生まれようと決めて生まれてくると説かれています。自分にとって何かしらかの必要があるから、生まれるところを自ら選んで生まれてくると考えるのです。

親について仏教では、敬えと説いたり、父母すら捨てて独りで進めと説いたり、結構ブレブレです。仏教が伝わった先々で儒教など別の思想や宗教からの影響を受けたり、後世の解釈が加えられたりしたのもあるでしょうが、お釈迦さま自身のことばをまとめたと伝えられている古い仏典の中でもバラついてます。お釈迦さまは相手に合わせて道を説かはったので、親かてケースバイケースで対応してはったってことかもしれません。

ただ、お釈迦さまは「悪い人には関わらんでええ」と繰り返し説いてはります。親も一人の人間ですから、「毒親」なんていわざるを得ないような人には関わらんでもええと私は思います。なんとかして距離を置き、執着しないことです。親のせいにして恨むにせよ、親あるいは社会通念によって植えつけられた罪悪感に駆られるにせよ、「もしかしたら」と期待して情にほだされるにせよ、無縄自縛《むじょうじばく》。ありもしない縄で自分を縛りつけなくていいんです。

選ぶか選ばざるかはともかく、あなたはもう生きている。スタート地点がどこでも、歩き出さなければどこにもたどり着けません。あなたはあなた自身の人生を生き、もしいつか、生んでくれてありがとうとちょっぴりでも感謝できたら、それが何よりの恩返しです。

032

そんなん無理だろという目標を押しつけられて　とにかく辛い

道業《どうごう》を成《じょう》ぜんが為なり
世報《せほう》は意に非ず
［対食五観《たいじきごかん》の偈《げ》］

この食事は自分が目指した目標を成し遂げるためにいただくもの。世間の評判など、意に介することはない。

食事の前に唱えるお経の一節なので、「この食事は」としていますが、これを具体的な行動や努力に置き換えてみてください。

今日の努力は、ただ自分が目指す目標のためにするだけのことであって、誰かのためではなく、自分自身のために積み重ねればいいのです。

薬師寺では、食事の前に「食作法《じきさほう》」といって、短いお経をいくつか唱えてから「いただきます」します。そのひとつが、食事をいただく五つの心構えを説く『五観の偈』で、「正しく生きるために、この食事を正しく生かします」という決意表明みたいなもんです。食べることは、生きること、命をいただくこと。せやから、生き方そのものにも当てはまります。

お釈迦さまは正しく生きるためのさまざまな方法を説いてはります。シンプルでありながら実践するとなると難しいものが多いけれど、理不尽な無理難題はひとつもありません。私がズボラでぐうたらで、修行の足りへんポンコツやからなかなかできないだけで……。

仕事をしていると、ノルマとか納期とか、いろいろ理不尽なことが次から次へと降ってくるものですが、仕事はあくまで仕事。頑張ることは大切やけど、生きるために働いてるのであって、働くために生きてるわけやありません。あなたが生きるうえで成し遂げたいことは、あなた自身が決めていいんだ、ということを忘れないで。

追い詰められたら、『五観の偈』の気持ちで、おいしいものでも食べましょう。やけ食いは厳禁ですよ、身体の負担になって、かえって損しちゃいますからね。

033

そんなつもりはなかったのに誤解されたまま嫌われてるっぽい

和顔《わげん》愛語

［雑宝蔵経《ぞうほうぞうきょう》］

人と接するときには優しい顔とことばで接しよう。

財産や知識がなくとも、どんな人でも施すことができる布施が、「無財の七施」です。和顔と愛語もこの布施に含まれます。ほかに、優しい眼差しで見る「眼施《げんせ》」、相手に心配りをする「心施」、具体的な行動で手を差し伸べる「身施」、席を譲る「床座施《しょうざせ》」、雨露をしのぐことができる場所で休んでもらう「房舎施《ぼうしゃせ》」があります。

人間誰しも、人に嫌われたくないですよね。嫌われたくないから、相手が求めていそうなことばや態度をひねり出そうとしたり、心にもないおべっか使ったり。めっちゃ疲れると思うんです。めっちゃ疲れるうえに、それ、かなりの労力のムダづかいかも。

「口は禍《わざわい》の元」っていいますが、仏教でも嘘（妄語）、お世辞（綺語《きご》）、二枚舌（両舌《りょうぜつ》）、悪口（字はおなじですが仏教では「あっく」）の四つを、ことばでする悪い行い「口業《くごう》」とします。ゆうたときにそんなつもりはなくとも、自分のことばに裏がなかったか、そこにブラックなあなたがひそんでなかったか、今一度胸に手を当てて振り返ってみて。

もし思い当たる節があったら、次にその人に会うときは、いい笑顔、よいことばで向き合いましょう。本当に誤解されてる可能性もゼロではありませんが、誤解のうえからどんなにことばを重ねても、なかなか相手には届きません。縁がなかったと思って諦めるのも手です。それでもいつか誤解を解きたいと思うなら、相手にどう思われていたとしても、あなたは和顔愛語を心がけて。「水滴石穿《すいてきせきせん》」、落ち続ける雨だれがいつしか石にも穴をあけるように、相手の心にあなたの思いが通じる日がくるかもしれません。

034

棚上げする人を見ると　フツフツと怒りがわく

悪事をしても、その業（カルマ）は、しぼり立ての牛乳のように、すぐに固まることはない。（徐々に固まって熟する。）　その業は、灰に覆われた火のように、（徐々に）燃えて悩ましながら、愚者につきまとう。

〔法句経　七一〕

悪いことをしたとしても、えてしてその結果はすぐにはあらわれない。牛乳がすぐには固まらないのとおなじように、また灰に埋めた火がなかなか消え失せることなくじりじりと火種が残り続けるように、悪事によって引き起こされたことは、その愚かな人自身にいつまでもじっとりとつきまとい、まとわりつく。

いつまで経ってもやらなあかんことを先延ばしにして、もう間に合わんやろって段になって大慌て。それが全体に支障をきたすようなことなら、あなたや周りがフォローせざるをえなくなります。しかも、えてしてそういう人って喉元過ぎればケロッと熱さを忘れ、平気でおなじようなことを繰り返すんですよね。わかります。

仏教では貪瞋痴《とんじんち》（貪欲・瞋恚・愚痴）を「三毒」といい、正しい行いを妨げて人生を台無しにするものと説きます。そんなロクでもないヤツのためにあなたが怒るのは、あなた自身へのダメージを倍増させることになります。棚上げされて迷惑をこうむるだけでなく、怒りという毒にむしばまれるなんて、損に損のミルフィーユや〜。

悪いことを平気でするような人でも、すぐにはどうこうならないかもしれません。でもほっぽっといたミルクが徐々に腐って固まり、すんごいニオイを発して近づきたくもなくなるように、自分のしたことがこびりつき、身動き取れなくなっていきます。お釈迦さまはバチを当てたりしませんが、その人の行いはその人自身に返ります。

035

「前の髪型の方が似合ってたよ〜」的な軽口がトゲみたいに刺さって拘束してくる

実にこの世においては、怨みに報いるに怨みを以てしたならば、ついに怨みの息むことがない。怨みをすててこそ息む。これは永遠の真理である。

〔法句経　五〕

本当にこの世では、怨みに怨みを返す限り決して消えない。捨てて初めて怨みはなくなる。これが真理である。

おそらく誰もが知りたいのは、その怨みをどうやったら捨てられるのか？ということなのだと思いますが、仏教では「言われなくてもわかってる」と思っているうちは「わかっていない」と説きます。繰り返し、繰り返し、腑に落ちるところまで落とし込むことによって乗り越えるしか道はないのです。

仏教では生《しょう》・老・病・死の四つを「四苦」として人間の根源的な苦しみとしますが、さらに四つ足して「八苦」といいます。そのひとつが「怨憎会苦《おんぞうえく》」。自分が怨んだり憎んだりしてしまうような人に、出会わなきゃならないっていう苦しみです。

「前の髪型の方が似合ってた」ぐらいのことなら、きっと言った方は大して悪気はないんでしょうけど、どんなに小さくとも人からディスられれば、ふとしたときに頭によぎって、イヤな気分になるものです。私もそうだったので、すごくわかりますが、相手を怨んでも憎んでも、心に刺さって地味にジクジク痛いトゲは抜けませんし、シミも消えません。

数年前まで、私の左頬には結構大きなシミがありました。インドに駐在している間も全然日焼け対策とかしてこなかったので、当然っちゃ当然です。自分ではそんなに気にしてなかったんですけど、ある日「みっともない」って人から言われたんです。それから気になるようになり、ついには手術しちゃいました。シミもすっかり消えましたし、相手への怨みもキレイさっぱり消えました。相手を怨むより、ちゃっちゃと髪型を変えた方が、スッキリすると思いますよ。

036

どんなに悪くても絶対謝らないヤツがいる　ムカつくし　なんとかして謝らせたい

何びとも他人を欺いてはならない。たといどこにあっても他人を軽んじてはならない。悩まそうとして怒りの想いをいだいて互いに他人に苦痛を与えることを望んではならない。

［スッタニパータ一四八］

誰もが、他人を騙してはいけない。どこにいても、他人をバカにしてはいけない。困らせてやろうと、怒りに任せて相手に苦痛を与えるようなことを、互いにしてはならない。

騙したり、バカにしたりしてくるのは相手の悪行です。それでも、怒りに我を忘れ、なんとしてでも頭を下げさせようと詰め寄り、相手に苦痛を与えてしまうと、それはあなたにとっての悪行となります。

人生は思い通りにならないことばかり。全部しんどい。これを仏教では「一切皆苦《いっさいかいく》」といいます。自分のことだって思い通りにならないのに、他人なんてさらに思い通りになるわけがありません。せやけど最近、どうも人を思い通りにしたい人が増えてる気がします。お客さんが企業にいちゃもんつけてごねる「カスハラ」なんて最たる例で、とにかく自分の気に食わへんから謝らせたいんですね。謝ったら謝ったで、謝罪の気持ちをカタチにしろとか、要求をエスカレートさせるようですからタチが悪い。

もちろん、あなたをカスハラ扱いするわけではありません。だって相手が悪くて、不快や迷惑をこうむってはるんでしょうから。確かにその人は謝ったほうがいいです。ただし、あなたのためにではなく、その人自身のためにね。

どうしても謝らせたいなら、あなたの溜飲を下げるためではなく、正しく生きることが本人のためになることを教え、謝るように諭してあげてください、お釈迦さまみたいに。これはかなりの徳行ですが、私には難易度高すぎるので、怒りを感じてしまう自分の心をまずどうにかするほうが、手っ取り早い気がしちゃいます。

037

生粋のモブキャラなのにリーダーに任命された　ピンチ

生れによって賤しい人となるのではない。生れによってバラモンとなるのではない。行為によって賤しい人ともなり、行為によってバラモンともなる。

［スッタニパータ　一三六］

身分が低く生まれたから人は賤しい人になるのではない。身分が高く生まれたから人は尊いわけではない。人は行いによって賤しくも尊くもなる。

古代から現代に至るまで生まれで身分（カースト）が決まるインドにおいては、仏教のこうした考えはインド人もびっくりなアンチテーゼだったと思います。日本のことわざでいうなら「氏《うじ》より育ち」といったところでしょう。

自分を知ることは、とても大切です。「身の程を知る」とか、「分をわきまえる」とか、「身の丈に合う」とか、自分の置かれた立場や能力、自分の力が及ぶ範囲を知ろうとすることは、「慢心」という煩悩をセーブすることにもつながります。

ただ、自分のことを本当に自分サイズで分析することはとても難しいことです。仏教には「卑下慢《ひげまん》」ということばがあって、自分で自分をさげすみ、ダメなヤツやと決めつけることは、一見謙虚なように見えて、その実、思い上がりやと説くのです。

理想的なリーダーを思い浮かべてみましょう。行動力、判断力、決断力などに優れ、コミュ力が高くて、指導力もある。あなたの周りのリーダーを思い浮かべてみてください。そんなパーフェクトリーダー、います？　いたら、あなたはめっちゃラッキーやと思います。その人をお手本にしたらええと思います。ほとんどの人は、能力があるからリーダーになるのではなく、仕事を通してリーダーの資質を備えてくんやと思います。やる前からできないと決めつけるのは、自分の成長を止めること。その他大勢のモブキャラならではの視点や経験を活かして、モブキャラの星を目指したらええんやないでしょうか。

038

一度キレるとずーっとキレちゃう キレてる自分にキレそう

憎む人が憎む人にたいし、怨む人が怨む人にたいして、どのようなことをしようとも、邪《よこしま》なことをめざしている心はそれよりもひどいことをする。

［法句経　四二］

憎しみを持つ人がその相手に、恨みを持つ人がその相手に、どんなことをするよりも、そうした悪い行いをしようとする自分の心が、それ以上に自分自身を傷つける。

誰かに対する憎悪や怨恨を抱えることとは「諸刃の剣」「人を呪わば穴二つ」どころか、相手より自分へのダメージの方が大きいと説かれています。

誰かに何かのきっかけで怒られてるうちに相手がどんどんヒートアップして、全然関係ない昔のことまで持ち出して怒鳴り散らされ、結局何で怒られてたんかようわからんまま捨てゼリフ吐かれて終わる……みたいな経験、一度くらいありますよね。「キレてる自分にキレそう」なあなたの状態、相手から見たらそんな感じかも。

ちょっと前から「アンガーマネジメント」ということばを目にするようになりました。自分で自分の怒りをコントロールできるようになりましょう、ということですが、仏教ではかれこれ二五〇〇年ぐらい前には「怒りは毒にしかならん」と説き、怒りとのさまざまな向き合い方を提案しています。相手が自分の思い通りにならへんと、怒りを感じます。誰かを思い通りにしたいと思うのは、自分が相手より優れていて、自分の言う通りにすべきだという驕りたかぶりがあるからです。怒りとは、相手に腹を立てるというだけではなく、自分の思い通りにならない、儘ならなさを受け入れられないことでもあるんです。

キレてる自分にキレそうなら、薄々あなたは気づいているんでしょうから、こんがらがった怒りの糸を切って、最初にかけ違えたボタンをまずは見つけだしましょう。

039

朝家を出たと思ったらいつの間にか夜
忙しすぎて余裕がない

眠れない人には夜は長く、疲れた人には一里の道は遠い。正しい真理を知らない愚かな者どもには、生死の道のりは長い。

［法句経　六十］

寝つけない人には、いつまでも朝が来ないかのように夜が長く感じられる。くたびれている人には、ほんの少しの距離ですら果てしなく遠く感じられる。それとおなじように、物事の正しい道理を知らない愚かな人たちにとって、悟りへの道のりははるかに長い。

こんなエピソードがあります。ソーナ（守籠那）さんは超真面目。厳しい修行を自分に課していましたが、なかなか悟りを得られません。琴の名手でもあったソーナさんにお釈迦さまが尋ねます。「琴の弦を強く張ったらええ音出る？」。「弦、切れちゃいます」と答えるソーナさんに、「ほな、弦をゆるゆるにしたらどない？」とお釈迦さまは重ねて尋ねます。「音、出ないです」と、ソーナさん。ちょうどええ加減に弦を張ってこそ、琴のええ音が出せる、それは修行においても一緒やで、ということを諭されたわけです。

きっとあなたは毎日、すごく頑張ってるんでしょう。身体も心も元気で、やることがたくさんあってもなんとかこなせて、一日があっという間に過ぎてしまう。時間が経つのが遅いと感じるほどやることがないより、ええと思います。ただ、仕事みたいな外的要因で忙しいだけでなく、たとえばずーっとスマホ触っていたりなんかすると、自分で自分をより一層忙しくさせることになります。心を亡くすほどの忙しさは、琴の弦を強く張りすぎてしまうようなもの。なんでも、ほどほどが一番。忙しすぎるなら、自分で調整できる範囲から、あなたを忙しくさせているものを減らしていきましょう。チューニング、大事です！

040

堪忍袋の緒が切れそうで　怒りの沸点を超えそうです　どうにかやり過ごすには？

忿恚《ふんに》は百千大劫《ひゃくせんだいこう》に集めし善根《ぜんこん》をすみやかに損害す。ゆえに忍辱《にんにく》の鎧を被《き》、堅固の力をもって忿恚の軍を砕くべし。

［大宝積経《だいほうしゃくきょう》］

長い時間かけて集めた素晴らしい成果を、怒りはいとも簡単に壊してしまう。だからこそ、耐え忍び、揺るがぬ力で怒りを砕こう。

まさに「短気は損気」です。怒りは判断を鈍らせ、手を出してしまったり、罵詈雑言が口をついて出てきたりします。そしてたいがい、そちらが本質であり本音であると烙印を押されてしまうものです。今や命取りになりかねません。

アニメなんかで、登場人物が怒って髪の毛がブワーッと逆立つシーンがあったりしますよね。私は坊主頭なので髪の毛は逆立ちませんけど、ほかにも怒ると頭に血が上り、顔が紅潮するのは生理的な反応のようです。仏像にもいろいろな種類がありますが、髪の毛逆立ってて、めっちゃ怖い表情をしている仏像は、だいたいが「明王」という種類の仏像です。一番メジャーな明王というと、不動明王さんかな。明王は忿怒尊《ふんぬそん》ともいい、何に怒ってはるかというと、煩悩にとらわれ悪業《あくごう》を行う人々に対してです。穏やかに教え諭しても通じない人には、厳しい態度で向き合うこともあるってことです。

古代ギリシャの哲学者、アリストテレスも「誰でも怒る。怒るのは簡単。せやけど、適切な相手に、ちょうどええ感じで、絶妙なタイミングに、ちゃんとした目的のために、ほどよい怒り方をするんは簡単やない」というようなことをゆうたそうです。怒りをコントロールするのは至難の業なので、私の場合は一旦パッとその場を離れますね。だいたいそれでおさまります。打ち砕いた怒りの中から、相手の心にすとんと落ちるような態度やことばをパッと見つけられるようになりたいものですが、まだそこまでいけてへんなぁ……。

041

私はあなたじゃありません　自分のやり方を押しつけないで！

顚倒《てんどう》の善果《ぜんか》、よく梵行《ぼんぎょう》を壊《え》す

［教行信証《きょうぎょうしんしょう》］

正しくない行いによって得られた結果は、善いように見えてそうではない。むしろかえって、清らかなる行為を壊してしまうことになる。

お釈迦さまと神々や悪魔との対話をつづった古い経典『サンユッタ・ニカーヤ』によれば、自分を非難するバーラドヴァージャさんに対して、お釈迦さまはこんなことを言わはったそうです。「罵りに罵りを、怒りに怒りを、口論に口論を返すのは、相手の用意した食べ物を受け取り、ともに食べるようなものだ。私は罵りも怒りも口論も受け取らない。辞された食べ物は、あなたのもののまま。罵りも怒りも口論も、あなたのもののままだ」。

罵りや怒りをぶつけてくる人に取り合ったらおなじ土俵に立つことになってしまうから、受け取り拒否します、ということですね。アドバイスしようとしてくれる人は、親切のつもりなんかもしれません。えてして上から目線で、話も長いことが多いけど、もしゆうてくれることの中に腑に落ちるようなことがあれば、取り入れたらええと思うんです。でも、ちょっとも納得できひんのやったら、聞き流してしもてええと思います。

その人にとってのええやり方が、あなたにとってええとは限りません。よかれと思ってしたことが、裏目に出るなんてようあることです。ええかどうかは、その人次第。あなたが誰かにアドバイスしたくなったときにも、思い出してみてね。

042

空気を読んで人に合わせすぎて毎日めちゃくちゃしんどい

先《ま》ず自分を正しくととのえ、次いで他人を教えよ。そうすれば賢明な人は、煩わされて悩むことが無いであろう。

［教行信証］

まずととのえるべきは、ほかならぬ自分である。そのうえで、他人を教え諭しなさい。自分を完全にととのえられてさえいれば、煩わされたり、思い悩まされたりすることもないだろう。

自分のことすらちゃんとできないのに、他人のことをちゃんとさせようとすることはできない。自分がちゃんとしてたら、他人が思い通りにならなくても、心乱されることはないのです。

同調圧力に振り回され、言いたいことも言えないこんな世の中じゃ、お寺とて例外やありません。俗世を離れて出家した私も、空気を読みつつ生きてます。ただ、どうもひと言多いみたい。人って、図星つかれるとイヤな顔しはりますよね。そんなんを正当化するつもりはないですが、人の顔色やご機嫌ばかりをうかがって、相手の意見に合わせ続けていたら、そのうち自分自身では何にも判断できひんようになるんやないかと思います。空気読んで人に振り回されているようでいて、人任せにしてしもてるだけなんかもしれません。

そうならへんように、まず自分をととのえなあかんのは百も承知ですが、心身をととのえるって、いうほど簡単やないですよね。ここ最近、定期的に鍼灸整骨院へ通ってるんですけど、先生に言わせると私の身体ってすごく歪んでるらしいんです。自分ではまっすぐなつもりやのに。身体が知らず知らずのうちに歪むなら、きっと心もそうでしょう。歪んだ心で空気を読んでも、正しく読めてる可能性、低いと思います。そもそも空気とか場とか雰囲気とかは所詮全部、他人ごと。二の次でＯＫです。あなたの人生は、あなたありき。まず真っ先に、自分です。

043

すっごい頑張ってて「応援ありがとう！」って振り返ったら　ハシゴがない

恥じることを忘れ、また嫌って、「われは(汝《なんじ》の)友である」と言いながら、しかも為し得る仕事を引き受けない人、──かれを「この人は(わが)友に非《あら》ず」と知るべきである。

〔スッタニパータ 二五三〕

恥を知らないか、あるいはあなたを嫌いなのにもかかわらず「私はあなたの友だち」だと口では言い、それでいてその人が貸せる程度の手も貸してくれないなら「その人は友だちではない」。

仏教では、自分と関わる人々をざっくり「善友」と「悪友」に仕分けます。利害関係の絡む相手となると当てはめづらいような気もしますが、逆に二択にしてしまう方が、人間関係をシンプルに整理できるはずです。

ドンマイです。ほんと、「ウソでしょ！」ですよね。調子いいこと言って、押しつけられていただけだと思うと脱力です。押しつけられていただけならまだしも、方針が変更されてむしろ「何やってんの？」みたいな態度を取られるパターンもあり得ますね、この展開は。怒りたくもなるし、トラウマになりそうです。

こびへつらい、おべっかを使うことを仏教では「諂曲《てんごく》」とゆうたりします。人間どうしたって我が身が可愛いものですが、自分が得することだけ考えて、心にもないことをゆうてしまうんでしょうね。日蓮宗《にちれんしゅう》を開いた日蓮さんは、『観心本尊抄《かんじんのほんぞんしょう》』で「諂曲は修羅《しゅら》」と述べてはります。修羅とは、仏教を守護する帝釈天《たいしゃくてん》さまに刃向かい続けている悪神のことで、修羅のいる世界では苦しみと怒りが絶えることはないそうです。そんなイヤな世界が「修羅場」。ハシゴ外されたら心の中はまさにシュラバになると思いますが、あなたをそんな目に追い込むような人は「友に非ず」です。お釈迦さまもそうゆうてはりますから、心置きなく距離を置いてしまってええと思います！

044

デキない人を見るとイライラする 内心絶対自分の方が優れてるって思ってる

もしも愚者がみずから愚であると考えれば、すなわち賢者である。愚者でありながら、しかもみずから賢者だと思う者こそ、「愚者」だと言われる。

［法句経 六三］

もし愚かな人が自分は愚かだと考えるならば、その人は賢い人である。愚かなのに自分のことを賢いという人こそ「愚者」と呼ばれる。

仏教では、正しい道を歩むのに「智慧」が必要不可欠とされていますが、これはいわゆる知識ではなく、たとえ一字も読めなくとも、正しい真理を見据えられていれば智慧ある賢者なのです。

誰かを「デキない」と思うあなたは、さぞかしデキる人なのでしょう。お疲れさまです。もしかしたら、あなたがデキないと思ってるその人をフォローしたり、そのために自分の時間を削らざるをえなくなっているのかもしれませんね。だとしたら、腹が立つのも理解できます。だけど、しょうがないんです。だって、あなたはデキる人だから。だからこそ、もっとあなたには成長してほしいと私は思います。

デキない人ができないことをあなたは最初からできたでしょうか。できましたか。それはすごい。では、あなたが失敗して誰かに助けてもらうことは全くないでしょうか。ない!?まさに〝シゴデキ〟（仕事できる人）！　それだけデキる人なら、もっと自分を成長させたいだろうと思います。だとしたら、デキない人ができなかった仕事をすることで、あなたの経験値は少なからずアップするはず。喜ぶべきところなのではないでしょうか。誰かを見下して、今の自分で満足している場合ではありません。もっと上を目指すなら、誰かにイライラしてる自分から脱却しちゃいましょう！

力神《りきしん》

薬師寺のご本尊である薬師如来さまの台座にはシルクロード各地のデザインが大集合。力神(蕃人《ばんじん》)はインド由来のモチーフ。

第3章

グチグチ系煩悩

愚痴《ぐち》

「愚痴」ってどんなボンノー？

愚痴というと、口に出しても解決しないのに止めどなくぼやいてしまう、というようなイメージがありますが、仏教の煩悩としての愚痴は、物事の正しい道理に対して無知であるということです。自分と他人を分けて考え、ああしてくれない、こうしてくれないと不満をみじん切りするように増やしていく、鬱屈したタイプの煩悩です。

何かと思い通りにいかなくて誰かにグチをこぼせば相手の迷惑にもなりますが、頭の中でグルグルしていたら口に出さなくともおなじことです。自分が苦悩のループにハマっていること自体に気づきにくいのも、この煩悩の特徴です。

045

「一億総活躍社会」って震える活躍できる気がしませんけど

一隅《いちぐう》を照らす、これ即ち国宝なり

［山家学生式《さんげがくしょうしき》］

自分自身が置かれた場所で精一杯努力し、明るく光り輝くことのできる人こそ、最も素晴らしい国の宝である。

『山家学生式』は、日本の天台宗を開いた最澄が、ご自身の宗派で僧侶を育てるにあたっての根本的な養成方針をまとめたものです。「隅っこでも、照らせる人を育てたい」と記した一節にお人柄がにじみ出ているようです。

陽キャ（陽気なキャラクター）、陰キャ（陰気なキャラクター）。よく聞くようになったことばです。ある統計によると、一九九〇年代中盤から二〇一〇年代序盤に生まれた「Ｚ世代」やと七割ほどが自分を陰キャと自認しているそうで、なんなら幹事やリーダーをやらされるから、陽キャやと思われるとかえって損やとすら思てるそうです。

若い世代に限らず「一億総活躍社会」とかいわれちゃうと、ひるんでしまいますよね。私なんて、お坊さんですよ？　世を捨てて出家しちゃってるんですけど？　しかも古いタイプのアニオタの陰キャやし。活躍というと、陽キャに限りません？

天台宗を開いた最澄さんは、どんな人でも悟ることができると固く信じてはりました。そのうえで、一人一人が正しく生き、その人のサイズで周りを照らしていけば、世の中全体が明るくなる、自ら光となろうとする人は国の宝や、と説いたんです。それなら頑張れそうな気がします。言いたいことは近いような気がするんですが、こちらが受け取るニュアンスは全然違いますね。言い方、大事。せやし私は、陰キャは陰キャなりに、小さくともほんのり周りを照らしていけたら、と思います。

046

期待されるのはうれしいし

なんとか応えたい

でも結局めっちゃ疲れる

うるわしく、あでやかに咲く花で、しかも香りあるものがあるように、善く説かれたことばも、それを実行する人には、実りが有る。

［法句経　五二］

美しい大輪を咲かせる花もあれば、そうでない花もある。かぐわしい香りを漂わせる花もあれば、そうでない花もある。美しい花、かぐわしい香りのような素晴らしいことばも、ただ口に出して並べるだけでは意味がない。花がいずれ実となるように、行動に移してこそ実りがある。

私は、地味でカリスマ性とか全然ないタイプなので、誰からも大して期待されていないと思ってます。いや本当に。褒められることにも慣れてへんから、ちょっと褒められると喜ぶ前に戸惑ってしまいます。でもね。正直ゆうたら、期待されたり褒められたりしたら、やっぱりうれしいです。期待に応えたいなぁ、って思います。

期待に応えたいと思うこと、それそのものはええことです。褒められると脳内でドーパミンっていう神経伝達物質が放出され、幸福感を覚えるそうです。褒められても驕りたかぶることなくやる気をキープできるなら、期待されたい、褒められたいと思って頑張るのも悪いことやないと思います。でも、期待にずっと応え続けることは現実的やありません。期待に応えられなかったら、期待外れやったって思われるかもしれへんし、なんなら嫌われてしまうかもしれない。不安で、怖くて、必死になる。そこからが空回りの始まりです。

誰かの期待に応えるためではなくて、努力は自分のためにするもの。努力は自分の身になります。あなたを本当に応援し、期待してくれている人は、きっと一度や二度期待に応えられなくても、あなたを見捨てたりしないんやないかと思います。

047

ほんとは好きなのに好きって言うのが怖い 断られて会えなくなるぐらいならこのままでいいや

假《け》令《りょう》身《しん》止《し》　諸《しょ》苦《く》毒《どく》中《ちゅう》
我《が》行《ぎょう》精《しょう》進《じん》　忍《にん》終《じゅう》不《ふ》悔《け》
［仏説無量寿経］

たとひ身をもろもろの苦毒のうちにおくとも、我が行いは精進にして、忍びてつひに悔いじ。

たとえどんな苦難のうちにこの身を置くことになろうとも、私はひたすらに悟りを求め、耐え忍ぶ。決して悔いることはない。

「あなた方を救うことができるのなら、どんな苦難だってまったく厭《いと》わない」という、阿弥陀さまの決意表明のようなことばです。

恋愛って難しいですよね。誰かのことを好きになったら、その人に好かれたいし、関係をもっと先に進めたいと思っても、相手はそれを望んでいるかわからない。ただでさえ人の心はわからないのに、恋愛感情を抱くと逐一相手の反応が気になるようになり、より一層相手の気持ちがわからなくなってしまうものです。

思い通りにいかないこと、それが苦しみの根っこにあると仏教では説きますが、恋愛なんてまさに思い通りにいかないことだらけです。あなたが伝える前に好きな人が別の誰かとくっついちゃうことだってあるわけですから、あなたがその人に好意を伝えても伝えなくても、あなたが望む「このまま」がずっと続くってことはないんです。

思い通りにはならないかもしれませんが、やらぬ後悔よりやる後悔を取るなら、少なくともあなたがその人を好きだということは、相手に伝わります。伝えてスッキリ、あとは相手任せで。保証はできませんが、付き合えなかったとしても会えなくなるとも限りませんしね。いつかは離れていくかもしれないけれど、現状維持でいいやと割り切れるなら、それもいいでしょう。どっちを取るかは、あなた次第です。

048

人の不幸な話を聞くと心のどこかで自分の方が幸せだって思っちゃう

我《が》癡《ち》我《が》見《けん》

我《が》慢《まん》我《が》愛《あい》

［唯識三十頌《ゆいしきさんじゅうじゅ》］

自分への無知　自分への思い込み

自分への慢心　自分への愛着

真理を知らないがゆえに、自分は正しいと思い込み、自分はすごいと思い上がり、誰より何より自分ラブ。

テレビやネットで流れているニュースって、おめでたい話よりも、びっくりするほど人の不幸話が多いですよね。「人の不幸は蜜の味」とはよくゆうたものです。

今から一四〇〇年ほど前、当時最先端の文化として日本に伝えられた仏教は、よりよく生きるための智慧として分野ごとに研究されていました。薬師寺は法相宗の教えである唯識を学ぶ寺です。「唯《ただ》、識があるのみ」。ざっくりゆうたら「すべては私たちの心から作り出されたもの」というところから出発する考え方です。

唯識では、心の働きを八つに分けて考えます。この「八識《はっしき》」のうち「末那識《まなしき》」は、意識のバックグラウンドで働く、いわば〝自分大好きフィルター〟。末那識によって自分を自分やと認識できる反面、このフィルターと我癡・我見・我慢・我愛の四つの根本的な煩悩は常に連動しているため、とかく人は自己チューに陥りやすい、というわけです。

せやけど、自分のことばかり考える「我利我利《がりがり》」は不幸の元。「自利利他《じりりた》」、つまり人の幸せを素直に喜べるようになると、自分にも喜びが返ってきます。とはいえ、どうにも人の不幸話でほくそ笑んでしまうなら、まずはスマホ時間をミニマル化し、人の不幸話に触れる時間を物理的に減らしてみては？〝心の猫背〟みたいな悪いクセを少しは矯正できるかも。

049

恋人は一応いるし　嫌いじゃない でも恋がなんなのかはわからない

虚妄分別《こもうふんべつ》

［瑜伽師地論《ゆがしじろん》］

何かを認識するときに、その真の姿ではなく、誤って認識すること。

夢を見ているとき、夢の中のものが実在し、出来事が実際に起きていると思い込んでいることがありますが、一度夢から覚めてしまえば「なんだ、夢か！」と気づきます。

人は自分の認識をベースに生きざるをえませんが、その認識が本当に合っているとは限らない、むしろ大してアテにならないよ、ということです。

椎名林檎さんの「やっつけ仕事」という曲に、「好き」がなんだったか思い出せない、というようなフレーズがありますが、そもそも〝思い出せない〟んやないかもしれません。

法相宗の唯識では、私たちの認識はすべて自分の内から生じるものだと考えます。そのうえで悟りを開いてない凡夫、全然ダメダメな私たちのモノの見方はだいたい全部かたよっていて、すべてを妄想しちゃってる、と考えるんです。自分の好きなものはよく見えるし、嫌いなものは悪く見える。恋だってそう。誰かのことを好きになって、勝手に妄想をふくらませて、相手の等身大以上に素敵だと思い込む……。一時の夢みたいなものです。

最近流行りの「蛙《かえる》化《か》現象《げんしょう》」が起こるのも、それゆえでしょうね。ものすごく好きな人といざ付き合ってみたら、全然思ってたんとちゃう！　と、勝手に妄想して、勝手に失望。失礼な話のような気もしますが、もしかしたら「恋がなんなのかわからない」人って意外と多いんかもしれませんね。世の中にあふれるコンテンツによって作られたテンプレートに自分の〝恋〟を無理にハメなくてええんやないでしょうか。嫌いじゃないなら、相手に誠実に向き合いましょ。それがあなたとお相手の〝恋〟の形なのかもしれませんから。

050

個性個性っていうけど個性的じゃなきゃいけないの？

犀の角のように　ただ独り歩め

［スッタニパータ　蛇の章　犀の角］

まっすぐ伸びるツノを持つサイ。サイがまっすぐにツノを掲げて歩むように、人もまた正しい教えをまっすぐに掲げてただ独り、進むべき道を歩もう。

仏教の古い経典『スッタニパータ』はリズミカルな韻文詩のような文章でとても読みやすいのですが、その章のひとつ「犀の角」に出てくるお釈迦さまのことばは、すべて「犀の角のようにただ独り歩め」というフレーズでシメられています。

犀は動物のサイのことですが、お釈迦さまが暮らしたあたり、インド北部からネパール南部にはインドサイが生息しています。サイって巨大やし、皮膚が厚くてほとんどの肉食動物から襲われる心配がないそうです。大きなツノもありますし。子育て期間などに一時的に群れを作ることもあるそうですが、基本的には単独行動。そんなサイを、お釈迦さま自身もおそらく目にしたことがあったでしょう。

『スッタニパータ』の「犀の角」の章では、おもに人との関わり合い方が説かれています。いろんなパターンがありますが、最後は全部「犀の角のようにただ独り歩め」。〝孤独に生きよ〟というわけではなく、人と人とが関わり合う中で、人との距離を適切に保ち、あなた自身は精神的に独立してなさいよ、ということやと私は思っています。いわゆる「個性的」を目指さなくても、あなたはすでにユニーク（唯一）。我が道を行ってください。

051

私は私って思いたいのに どうしても人と自分を比べてしまう

自灯明《じとうみょう》
法灯明《ほうとうみょう》
［大般涅槃経《だいはつねはんぎょう》］

自分自身を道しるべに歩みなさい。物事の正しい道理（＝法）を道しるべに進みなさい。

お釈迦さまや僧侶が亡くなることを「入寂《にゅうじゃく》」といいます。煩悩を離れ、生死を超えた〝寂《しず》〟かな悟りの境地＝「涅槃」に〝入〟るのです。『大般涅槃経』は、お釈迦さまの入寂にまつわるエピソードが書かれたお経で、『涅槃経』とも略されます。

私たちは「慢」という煩悩ゆえに、つい自分と周りを比べて、優越感や劣等感を覚えてしまいます。自分より周りが劣っていると思えばバカにしちゃうし、自分より周りが優れていると思えば嫉妬しちゃう。人より優れているからエラくて、劣ってたらあかん、そう思いがちです。自分ってつまらない人間だな、なんて思えば思うほど、どんどん小さくなっていってまう気がします。でも、「私は私」と思えなくても、あなたはあなたです。

お釈迦さまが亡くなるとき、集まって「死なないで！」ってなってるたくさんのお弟子さんたちに遺《のこ》さはったことばが「自灯明、法灯明」です。「私を忘れないで」とも、もちろんご自分の姿を形にして拝めなんてこともゆうてはりません。それぞれが自分自身を灯火（道標《みちしるべ》）とし、正しい教えを灯火として生きなさい、と最期に説かはったんです。

京都の龍安寺さんには「吾唯足知（吾《わ》れ唯足るを知る）」ということばをデザインした有名なつくばい（手水鉢）があります。多すぎず、少なすぎず、ちょうど足りてる。誰かと自分を比べてないものねだりする前に、自分の手の中にあるものを振り返ってみましょう。結構ええもん、持ってるんちゃうかな。

052

空気読めとかいうけど　空気は吸うものでしょ

諸法無我《しょほうむが》

すべての物事には、ずっと変わらない実体などない。

すべての物事は、無数の関わり（＝因縁）によって構成されており、常に変化し続けているため、それ単体で成立することはない。つまり「すべての物事は、自分一人の力できたものではない」ということ。

「諸行無常」「涅槃寂静《ねはんじょうじゅく》」とならぶ仏の教えの三つのスローガン「三法印《さんぼういん》」のひとつでもあります。

まったくもってその通り！　ＳＮＳで見かけたら思わず「いいね！」してるかも。仕事の都合でアカウントだけ作って、放置してますけど……。

「空気は吸うもの」と思えるあなたにはそれこそ「釈迦に説法」かもしれませんが、周りの人に嫌われたくなくて顔色をうかがって心にもない言動を取ることを、仏教でもよしとしていません。ただ、念のためですが、自分の主張ばかりしようとして人の話に割り込んだり、そもそも人の話を聞く気が全然なかったりしちゃってるわけではないですよね？　空気を読まないことと「人を人とも思わない」こととは全くの別物です。

仏教では、ありとあらゆるものは、さまざまな関わり合いによって成立していると考えます。その中では、自分の心すらも、ずっと変わらずそれひとつで存在し続けるものではないと説きます。あなたはあなただけで存在しているわけではありません。自分の名前やって、親やったり、とにかく自分以外の他の人からのもらいもんです。

あなたがブッダ（目覚めた人）でないなら、たぶん、あなたが思うほどあなたは正しくありません。空気を読まずとも、ゆっくり深呼吸して、自己主張はほどほどに。

053

自分らしさを大事にって言われて大事にした結果どうも人に受け入れられないんだが？

転《てん》識《じき》得《とく》智《ち》

［成唯識論］

識を転じて、智を得る。

まずこの世のすべては「唯、識のみ」によって成立していると知り、次に自分を苦しめる煩悩は、自分自身の識（＝認識）が間違っているがゆえにもたらされていると知る。そして、間違った識を転じる、切り替えることによって、悟りの境地へ向かう見極め力（＝智慧）を得ることができる。

アメリカの心理学者、ジョセフ・ルフトさんとハリ・インガムさんは、自己を四つの窓に分けて説明しています。「ジョハリの窓」と呼ばれるものです。

①公開された窓：自分にも他人にもわかっている自己

②盲点の窓：他人にはわかっていて自分では気づいていない自己

③秘密の窓：自分にはわかっていて、他人には隠されている自己

④未知の窓：自分も他人も、誰からも知られていない自己

仏教では自分に執着することはそもそもＮＧであり、煩悩まみれの自分から脱却することを推奨しています。「ジョハリの窓」では、自分には認識しきれない部分があるとしていますが、法相宗の唯識では執着の鎖を断つために、無自覚に自分基準で物事にレッテルを貼り、煩悩を発動させる自分の認識をまず正すように、と説きます。せやし「盲点の窓」「未知の窓」の自分も全部ひっくるめて、執着の元を大捜索せなあかんわけです。

あなたの認識してる「自分らしさ」で誰かがイヤな思いをしているなら、それはただの煩悩です。まずは自分が煩悩に振り回されてるってことを、ちゃんと認識してみて。

054

口ぐせは「私なんて」

世間種々の法、すべてみな幻のごとし。もしよくかくの如く知らば、その心動くことなし。

［華厳経］

世界で起こることのすべては、幻のように儚いものである。そういうものだとわかってしまえば、何事にも動揺することはない。

『華厳経』の中心的存在である毘盧遮那《びるしゃな》仏《ぶつ》さまは、この世のすみずみまで智慧と慈悲の光明で照らし出すとされています。奈良・東大寺は、この仏さまのお像である、いわゆる〝大仏さん〟をご本尊とする華厳宗のお寺です。

ある日自分でも知らんうちに生まれて、見よう見まねで言語を覚え、物心ついてはじめて自分の頭で考えるようになったのに、今やそんなこともすっかり忘れて、最初からずっと自分であったかのように生きています、私。あなたもきっと、そうでしょ？

普通「分別がつく」というと、常識的に判断することをいいますが、仏教でいう「分別」とは、自分と周りを分けたうえで自分に固執し、周りを思い通りにしようとする煩悩の始まりと考えます。そして分けたものに自分基準のレッテルを貼って、わかった気になってしまうことを「分別智《ふんべっち》」といい、それはほんまの智慧やないとされています。「私なんて」って言うあなたは、あなたの手であなた自身に「私なんて」というレッテルを貼り、自ら「私なんて」という型に自分を押し込んでいるってことになります。

自分が自分だと認識している自分って、今はあるように思えているだけで最初からあったわけでもなく、この先ずっと今のまま変わらないものでもありません。コンプレックスも、ゆうてしまえば幻です。ありもしないものに縛られることなく、心穏やかに過ごすあなたの振る舞いやことばにこそ、あなたらしさが宿るものなんやないかと思います。

055 自分にいいところなんかないんじゃないかと思ってしまう

ただ誹《そし》られるだけの人、またただ褒められるだけの人は、過去にもいなかったし、未来にもいないであろう、現在にもいない。

［法句経 二二八］

馬鹿にされるだけの人、褒められるだけの人。どちらも過去にいなかったし、未来にもいないだろう。そしてもちろん、現在もいない。

私にもいいところなんかないです。イケメンやないし、そんなに頭よくないし、お金持ちでもないし、ないものねだりしてったらキリがないです。私を嫌ってはる人もいてるでしょう。いや、そもそもそんなに誰からも興味持たれてへんかも。せやから、そんな私の本を今読んでくれているあなたに、心からありがとうと言いたいです。

実はお釈迦さまかて、誰も彼もに好かれていたわけではありませんでした。そして今や、本場のはずのインドでは仏教徒はごく少数派。法相宗の鼻祖《びそ》（元祖）で、中国唐代の僧・玄奘三蔵さんは、正しい教えを知るために仏典を求めて命がけで天竺《てんじく》（インド）へ向かいましたが、その頃にはすでに驚くほど仏教が衰退していたことを『大唐西域記』に記しています。それでも仏教は、日本など、インドから伝わった先の各地で大切に守り継がれています。

どんな「いいところ」も、どこでどのように評価され、そしてその評価がどう変わっていくかはわからないものです。「いいところなんかない」と自分で自分をまるで他人のように評価するより、まずは今日をひたむきに生きましょう。それがきっと、少しずつ少しずつ、自分のいいところを形作っていくもんなんやと思います。気にしない、気にしない！

056

ほんとは人のことなんてどうでもいい　自分のことで手一杯

たとい他人にとっていかに大事であろうとも、(自分ではない)他人の目的のために自分のつとめをすて去ってはならぬ。自分の目的を熟知して、自分のつとめに専念せよ。

［法句経　一六六］

たとえ誰かにとってどんなに大切なことであったとしても、あなたがあなた自身ではない誰かがしようとしていることのために、あなたがするべきことを捨ててはいけない。自分の目的を忘れず、あなたはあなたのするべきことに集中しよう。

子どもの頃から、「世のため人のため」とかそれに類する道徳をインプットされがちなものですし、一生懸命誰かのために尽くしている人の生き方は尊く、素晴らしいです。ただ、私が思うに、その人にとっては、それがあくまでご自身のやりたいことなんやと思います。ブラックな私のうがった見方というわけではなく、仏教では人に尽くすことは自分のための一番の徳行とされているので、理想的な好循環やと素直に思います。

ところで、お釈迦さまは悟りを開かれたときにこのうえない幸せに心満たされたそうです。ご自分が悟りを開いたことに満足し、人にまで説法して回るつもりのないお釈迦さまの前に梵天《ぼんてん》さまが現れ、「ちょ、待てよ。人々に教えたってや」と説得してくれはったおかげで、お釈迦さまの教えが今に伝えられることになったのです。梵天さま、グッジョブ。

つまりお釈迦さまでも、他人を助けるために悟りを開こうとしたわけではなく、まず自分が悟りを開き、自分の得たものを伝えることが人のためになるから説法の旅に出はったわけです。自分のことで手一杯。本来それではあかんお坊さんの私でも、やっぱりなかなか他人のことまで、気も手も回りません。まずは自分からで、ええと思いますよ。

057

失敗を恐れないなんて無理　失敗するぐらいならやりたくない

わたくしは、敗れて生きながらえるよりは、戦って死ぬほうがましだ。

［スッタニパータ　四四〇］

負けて生きながらえるよりも、目的のために戦って死ぬ方がよい。

この一節が登場する章には、スンダリカ・バーラドヴァージャというバラモンとお釈迦さまの対話が描かれています。その描写の中にお釈迦さまは「剃髪していた」とあります。お釈迦さまの像は、だいたい独特なヘアスタイルで表現されていますが、ご本人は坊主頭だったようです。

私がシンプルにお釈迦さまを尊敬できるのは、きっとお釈迦さまが人間やからです。私たちとおなじ一人の人間として生まれ、苦しみ、数多《あまた》のトライアンドエラーを経て、思索を重ねて、悟りを開いたお釈迦さまは、人間にできひんことは基本的に言わはりません。

お釈迦さまは「命あっての物種やん、そんな辛い修行して何になんねん。説法かて通じへん相手もおるんやしムダやん。やめてまえよ」って悪魔に誘惑されても、耳を貸すことはありませんでした。すべての苦から解放されて悟りを得るため、そしてその過程でご自分が知り得たことを人々に教え広めるため、目先の苦を避けたところでそれは本質的な解決にはならないとご存知やったからやと思います。

失敗するの、怖いですよね。年齢を重ねれば重ねるほど、恥はかきたくないものです。でも、失敗するからといって何もトライしないのは、何もしてないのとニアイコール。大人になるとちょっとした傷もなかなか治りませんが、心までそうなってはあきません。お釈迦さまを誘惑した悪魔の正体は、弱い自分の心の声、自分可愛さゆえの甘えやと思いますが、塩でもまいて悪魔を叩き出し、まずは小さいことからでもトライしてみましょ！

058

知ってる人とは話せるけど大勢の人の前で話すのが怖い

独《どく》生《しょう》独《どく》死《し》
独《どっ》去《こ》独《どく》来《らい》
［仏説無量寿経］

生まれてくるときも独り、死ぬときも独り。去るときも、来るときも独り。

大陸から伝わったお経は、さまざまな言語で翻訳されながら広められたため、古いものになるほど訳によって呼び名や内容の違いがあります。『仏説無量寿経』は『無量寿経』の漢訳の一種で、法然が開いた「浄土宗」や親鸞が開いた「浄土真宗」のベースとなる「浄土教」で根本とされるお経のひとつです。

薬師寺って、三六五日いつでも法話してるお寺なんです。特に修学旅行生に対する法話は「仏心の種まき」として大事にしていて、私もお寺に入ってすぐの頃から法話させてもろてます。一般家庭で育った私にとって、大勢の知らない人の前で話す経験なんてほとんどありませんでしたから、当初は思い出したくもないぐらいうまく話せず、毎晩のように悪夢にうなされていました。私のつたない法話を後ろの方でニヤニヤしながら聞いている知り合いに文句をつける自分の声で飛び起きたこともあります。

人は生まれるときも一人、亡くなるときも一人。一人でやって来て、一人で去るもの。人生にはときどき、ビジネスシーンや学校での発表など、どうしても一人で人前に立って話さねばならないときがありますが、よくよく考えてみれば、聞いてる人たちのために話すというよりは、自分の考えを伝える場であることがほとんど。まずは話すべきことを自分の中でしっかりまとめるのが先かもしれません。そうすれば、順を追って話すだけなので話すことに集中でき、意外とオーディエンスの反応は二の次にできるもんやと思います。

059

仕事とプライベート　どっちも大事で どっちもおっくう　バランスが取れない

百尺竿頭進一歩《ひゃくしゃくかんとうにいっぽをすすむ》

［景徳伝灯録《けいとくでんとうろく》］

百尺の竿の先を目指し、そこにたどり着いたら、さらにもう一歩先へ進む。

禅宗の修行の一環として行われる「公《こう》案問答《あんもんどう》」のひとつ。中国・北宋時代に成立した『景徳伝灯録』には多くの禅僧の伝記とともに公案が収録されており、この公案は南宋時代の無門慧開《むもんえかい》が編んだ『無門関』にも登場します。公案問答の難解さゆえに、答えがあるようなないような問答やちぐはぐな問答を「禅問答」というようになりました。

公私どちらかだけでも全力で取り組む人は少ないと思うのに、どちらも大事にしようとするなんて、それだけでも尊敬に値します。私なんて、仕事がちょっと忙しくなったら家事の一切は放棄状態、私的な連絡にも反応できなくなるので、知り合いはみんな私を連絡不精な人だと思っていて、ときどき寺に生存確認しに来るほどです。

ところで、あるドキュメンタリー番組で、スタジオジブリの宮崎駿監督は「大事なものは、たいてい面倒くさい」とゆわはったそうです。悟りの道も、百尺（約三〇メートル）の竿の先に立ってからがスタートで、悟る前にある程度のとこで満足してしもたら悟れへんし、もし悟ったとしてもいつまでもそこで満足してたら先がないと、中国・唐代の禅僧、長沙景岑《ちょうさけいしん》さんは述べています。かの有名なバスケットボール漫画『ＳＬＡＭ　ＤＵＮＫ』（井上雄彦）でいうところの「あきらめたらそこで試合終了ですよ…？」です。

つまり、もうこんなもんでええかと放り出したら、結局そこが行き止まり。そこまで行ったら、いっちょ竿の先からジャンプしてみてはどうでしょう。バランスを取ろうとして見失っていた優先順位をつけられて、意外とすんなりゴールできるかもしれませんよ。

060

泣きつかれて相談乗って　でもまたきっと似たようなことで連絡してくるんだろうなぁ

福《ふく》田《でん》

［梵網経《ぼんもうきょう》］

福を生み出す田んぼ。

仏教に由来することばを「仏語」といいます。出典がはっきりしていたり、していなかったりもマチマチなら、どのお経に初登場したのかとなるとかなり突き止めづらいです。今に伝わるお経でも膨大な量ですが、おそらくそれ以上の数のお経が伝わらなかったでしょう。ちなみに「福田」は、『梵網経』以外にも多出する仏語です。

まず、フクダさんではありません、フクデンです。田んぼに種を蒔いていずれそれが実るように、よい行い（布施）をすることがよい功徳に結びつくことをいいます。私たちお坊さんが身につけている袈裟《けさ》は一見格子柄に見えるのですが、実は田んぼをモチーフにしたデザインだとされていて、「福田衣《ふくでんね》」ともいうんですよ。

この福田には三つの種類があり、仏さまや僧侶など敬う相手に布施をすることを「敬田《きょうでん》」、親や先生など恩のある方に報いることを「恩田《おんでん》」、本当に困っている人を助けようとすることを「悲田《ひでん》」といいます。「泣きついてくる人」の相談に乗るのは、悲田にあたる布施だとは思いますが、うんざりするほど繰り返されているなら、それは単に困ったフリをしてあなたに構ってもらいたいだけという可能性大です。自分の気が済むまで愚痴を聞いてほしいとか、あわよくば手助けしてほしいとか、何かしらか期待してはるんでしょう。

でも、その人が抱える課題は、あくまでもその人のもの。あなたが代わりに背負うことはできません。あなたの行いがかえってその人の成長の妨げになってしまっているのかも。嫌われてしまったとしても、相手を突き放すのが優しさになることもあると思います。

061

誰かを大事にしようとすると自分の人生が犠牲になる

忘《もう》己《こ》利《り》他《た》

〔山家学生式〕

自分のことより、他人のために。

このことばの前後を含めて引用すると「悪事向己（悪事は己れに向へ）好事与他（好事を他に与へ）忘己利他（己れを忘れて他を利するは）慈悲之極（慈悲の極みなり）」とあります。

「しんどいことは自分がやって、楽しいことは他人に譲ろう。自分の損得勘定は後回しにして他人の幸せのために尽くすことは、最高の慈悲である」といった内容です。

奈良・法隆寺の「玉虫厨子《たまむしのずし》」にはお釈迦さまにまつわるエピソードが描かれています。そのうちのひとつが「捨身飼虎図《しゃしんしこず》」。崖から身を投げ、飢えた虎の親子を救うという、お釈迦さまの前世の物語「ジャータカ」のワンシーンです。

……無理っす。そこまでできねっす。天台宗を興した最澄さんは、僧侶を育成するテキストの中で自分のことを後回しにして他人のために尽くすことを推奨していますが、虎に我が身をとなると……ブルブルブル。お釈迦さまにしかできひんて。

虎に我が身を捧げたお釈迦さまにも、最澄さんが説いた「忘己利他」にも共通してるんは、自分が誰かのために単に犠牲になるのではなく、我が身を捧げることが回り回って自分の目指す境地に至る手立てとなってるってこと。つまり「自利利他」です。何も〝他人事《ひとごと》に我を忘れろ〟とゆうてるわけではなく、忘れるべきは独りよがりな「己」ということでしょう。

あなたの大事な人はあなたに、自分の犠牲になるばかりで得るものがないほどの苦労をかけたいと思っているでしょうか。自分が持ち得ているもの以上に、誰かに与えることはできません。一人で抱え込まないように、ときにはヘルプコールを出しましょう。

062

私は「私」の着ぐるみアクター　本当の自分かわからない　っていうか、本当の自分なんている？

法爾道理《ほうにどうり》
［瑜伽師地論《ゆがしじろん》］

生まれればいずれ死を迎えるように、原因があるから結果があるように、自然の摂理そのままのこと。

『瑜伽師地論』は唯識派（＝瑜伽行派《ゆがぎょうは》）の代表的な書籍のひとつ。元はサンスクリット語で書かれ、いくつかの漢訳本が現存しています。玄奘三蔵の漢訳本の場合、全百巻。中国では弥勒菩薩《みろくぼさつ》さまが説いたとされ、チベットではこれを聞いた古代インドの学僧・無著《むちゃく》が著したと伝えられています。

最近では、自分の写真をアプリで加工して〝盛る〟なんていうみたいですね。写真は加工しないまでも、人は誰しもちょっとええかっこしたがるもんかもしれません。人から嫌われたくないし、できれば好かれたいですもんね。せやしなんとなく忖度《そんたく》して、いつも笑顔で、親切で、努力を惜しまず、キラキラしてる人を演じてまう。私だって、袈裟を着けているときには、ブラックな自分、封印してます。

写真を加工しても実際の自分の姿形は変わりませんが、「着ぐるみ」だと思っている自分も、結局は〝自分〟なんやと思います。学校用、サークル用、仕事用、友だち用、家族用……。接する相手によってモードチェンジしながら作り上げてきた全部の自分が〝自分〟。「本当の自分」って、あちこちで使い分けてる自分の集合体なんやと思います。人間って、多モード搭載で超ハイブリッドな生き物ですね。

せやからお坊さんは、袈裟を脱いでもお坊さんです。部屋着の上から「着る毛布」着てゲームしてても、私はお坊さんです。そう思ってる限り、私はいつなんどきもお坊さん。出家したときに戸籍もお坊さんの名前に変えたしね！

063

見栄張ってついた小さい嘘　バレないためにまた嘘をつき　そしてまた今日も嘘をつく

嘘を言う人は地獄に堕ちる。また実際にしておきながら「わたしはしませんでした」と言う人もまた同じ。両者ともに行為の卑劣な人々であり、死後にはあの世で同じような運命を受ける（地獄に堕ちる）。

〔スッタニパータ　六六一〕

嘘つきは地獄に落ちる。しているのに「してない」と言う人もおなじく地獄に落ちる。卑しく汚らしいこうした行いをする人々は、亡くなった後もおなじように地獄に落ちる。

サーリプッタとモッガラーナのふたりの僧には邪念があるとお釈迦さまに訴え続けたコーカーリヤという僧の壮絶な死に様が描かれた章の一節。全身にできた腫れ物がどんどん大きくなり、ついには命を落とすのです。

しちゃダメなことを説いた『十善戒』というお経では、十のＮＧ事項のうち実に四つもことばに関することを挙げています。お世辞や自慢はダメ（不綺語）、悪口や陰口もダメ（不悪口）、もちろん二枚舌もダメ（不両舌）、そして嘘は絶対ついたらあかん（不妄語）。特に嘘の罪は深いとされ、「五戒」という仏教徒が守るべき基本的な戒律にも「不妄語戒」としてピックアップされているほどです。

龍樹《りゅうじゅ》さんという古代インドのお坊さんは『大智度論』の中で「嘘をつくことで口が臭くなり、諸神に守られず、本当のことを言ったとしても信じてもらえず、大事な会合にも加えてもらえなくなり、人から悪口を言われて悪評が広がり、尊敬されなくなって意見を聞いてももらえなくなり、常に憂鬱になり、それが誹謗の因縁を作り、身体を亡くせば地獄に落ち、もし人間に生まれ変わっても人から誹謗中傷されるぜ！」と嘘には十の罰罪があると説いています。嘘は負のループしか生み出さず、他人のことも傷つけますが、誰よりもあなた自身を傷つけます。あとやっぱり口臭くなりたくないですよね。今すぐやめちゃいましょう、嘘つくの。ＮＯＷ ＤＯ ＩＴ！

064

整理整頓、料理、掃除。全部嫌いな私はオトナ失格？

自分の得たものを軽んじてはならない。他人の得たものを羨むな。他人を羨む修行僧は、心の統一安定を得ることができない。

［法句経　三六五］

自分が得たものを粗末にしてはいけない。他人が得たものを羨んではいけない。他人を羨む人は、安らかにととのった心を得ることはない。

自分が得たものを大切にしよう。おなじように、他人が得たものをその人にとって大切なものとして尊重しよう。自分のものにならない他人のものを求めたところで、いつまで経っても心は穏やかにならない。

お釈迦さまのお弟子さんに、周利槃特《しゅりはんどく》（チューダパンタカ）という人がいます。周利槃特さんはめちゃくちゃ物覚えが悪かったらしく、短い教えのひとつも覚えられなかったそうです。出家を勧めたのは頭脳明晰なお兄さんでしたが、あまりの愚鈍さにサジを投げ、弟を寺から追い出します。途方に暮れて泣いていると、お釈迦さまから「チリを払わん、アカを除かん」ということばを授かった周利槃特さん、こんな短いことばすらおぼつかないままに、それでも一心に掃除し続けます。ただひたすらに掃除を続けていくうち、ふと「チリやアカといった汚れは、なかなか落ちないのに汚れるのはあっという間や。人の心にとっての煩悩という汚れもおなじやな」と気づき、悟りを得たといいます。

周利槃特さんの場合は、気づきを得るためのアプローチが掃除だったというだけで、あなたはあなたなりの方法でええと思います。誰かと比べて自分に「失格」なんていう烙印を押さず、自分で得てきたものに一心に取り組みましょう。ＱＯＬが上がるのは間違いないんで、整理整頓、料理、掃除、できるに越したことはないですけどね。人と比べるんやなくて自分のできる範囲でやりましょう。ま、私は永遠の見習い中ですけども。

065

LOVEなのか　LIKEなのか　どうなりたいのか　自分でもわからない

心は、動揺し、ざわめき、護り難く、制し難い。英知ある人はこれを直《なお》くする。――弓師が矢柄を直くするように。

［法句経　三三］

心は動揺するし、ざわつき、キープしにくく、コントロールしづらい。それでも賢い人は、まず心をまっすぐにする。弓矢職人が、まず矢の幹をまっすぐにするように。

これはあくまでも私の考えですが、たぶんお釈迦さまって恋愛したことも、恋愛に悩んだこともないと思うんです。結婚はしてはったけどお見合いやし。いわゆる自由恋愛が一般的になったのは一九八〇年代あたりからのようで、私が暮らしていたインドでは今でも見合い婚が普通です。結婚するまで夫婦がお互いの顔すら知らないことが多いそうですから、自由恋愛が世界共通というわけやないんでしょう。また、今日ではセクシャリティやジェンダーも複雑化し、ますます恋愛の定義がわかりづらくなっている気がします。

ただひとついえるのは、恋してなくても心はとてもグラグラ、ユラユラ、フラフラしていてコントロールしづらいものやということ。相手にどう思われたいかとか、相手とどういう関係になることを望んでいるのかとか、一旦〝相手〟のことはわきに置いておいて、ニュートラルに自分の気持ちにまっすぐ向き合うことからスタートするしかないんちゃうかなと思います。『北本涅槃経《ほくほんねはんぎょう》』というお経に「心の師となるとも心を師とせざれ」とあるように、まずは自分の心の手綱は自分で握るもの。揺れ動いてしまう心の方に自分が振り回されてしまわないように気をつけて。

066

気づけば他人の悪口ばかり言っている
ちょっとスッキリ　ずっとドンヨリ

人が生まれたときには、実に口の中に斧が生じている。ひとは悪口を語って、その斧によって自分自身を斬るのである。

［ウダーナヴァルガ 第八章 二］

人は誰しも、口の中に刃物を持って生まれてくる。悪口を言って誰かを傷つけながら、同時に返す刃で自分自身を傷つけている。

ほぼおなじことばが『スッタニパータ』にも出てきます(六五七)。他人の悪口を言い続けてたら全身ブツブツになってしまいには命を落としてしまった僧、コーカーリヤにまつわる章です。

愚痴と悪口は似ていますが、「私は辛かった」と話すのが愚痴、そんな目に遭わせた「相手が悪い」と語るのが悪口です。グチってるうちに悪口ゆうてることも多いですよね。

実害を受けてるならまだしも、最近ではＳＮＳなどで有名無名問わず、直接会うたこともない人の悪口を書き込んで裁判沙汰になったり、今度は訴えられた人が叩かれたりしてますよね。叩く側は正義のつもりなのかもしれへんけど、たとえ主張自体は正しくとも、相手を傷つけることばを選んだ時点で、正しい行いとはいえなくなります。

正義を振りかざすことが中毒みたいになってる人の中には、ほんまは気づいてはる人も少なくないんやないでしょうか。他人のことに首突っ込んでも、自分の心の重荷が軽くなるどころか、かえって増えるばかりですから。正義の鉄槌を下してるつもりになってるときに出てるであろうアドレナリンがスーッと引いたら、自分で吐いたことばに自分でゾッとしたり。しないんかなぁ。してほしいけど……。でもきっと、ドンヨリを引きずってはるということは、あなたはほぼ気づいてるはず！　ぜひ早めに脱・悪口を。

067

すっごく仲良くなった人なのにアラが見えたら蛙化現象

他人の過失を見るなかれ。他人のしたこととしなかったことを見るな。ただ自分のしたこととしなかったことだけを見よ。

［法句経 五〇］

他人の過失をあげつらってはならない。他人の行動を見ないようにしよう。ただ自分の行動だけを見よう。

過失も含めて、他人が何をしようがしまいが、それはあくまでもその人自身の問題。他人に気をとられることなく、自分自身に向き合おう。

好きな人に好かれて喜んでたのも束の間、なんらかの出来事をきっかけに「期待を裏切られた！」とむしろ嫌悪感を抱く「蛙化現象」は、恋愛に限って起こることではない気がします。知り合ってそんなに経たへんうちにガッと距離を詰めてきて毎日のように連絡してきたかと思えば、前触れもなくパッと音信不通になる人、ときどきいはりません？

私は完全無欠どころか穴ボコだらけなんで、知らん間にその人の地雷踏んだんかもしれません。だとしたらお詫びもできずモヤモヤはしますが、全然構わないです。ただ、もし誰かと出会うたびにどっかひとつが気に食わないために全部を否定してバッサバッサと縁を切ってはるなら、行き着く先はずいぶん寂しそうに思えます。それこそ他人事ですけど。

せっかく好きな人に好かれたなら、〝アラ、粗だわ！〟と思っても、優しい気持ちで受け入れる＝慈・相手とおなじ目線で考える＝悲、すなわち慈悲の気持ちをインストールしてみましょう。それでも無理！ってなるなら蛙化しちゃってもいいと思います。もちろん、誰かに蛙化現象するなら、あなたも誰かから蛙化現象されないとも限りません。他人の粗探しをする前に、まずは自分の粗探しを心がけて。

068

こうだったらイイのにっていう自分に全くなれない　近づけない

たとい得たものは少くても、修行僧が自分の得たものを軽んずることが無いならば、怠《おこた》ることなく清く生きるその人を、神々も称讃する。

〔法句経　三六六〕

もし得たものが少なかったとしても、自分が得たものを軽んじてしまわなければ、サボることなく清らかに生きるその人を、神々も褒めたたえる。

今はほんの少しだとしても、得たものが確かに手の中にある。少ないと嘆いて立ち止まるより、まずは自分が手にできているものを大切にし、それを増やす努力をひたむきに続けよう。

あなたの「こうだったらイイのに」っていう自分は、どんな自分でしょうか。十人に聞いたら、きっと十人十色でしょうね。でも、仏教でいうところの〝理想の自分〟は、「ブッダ（目覚めた人）」一択です。ちなみに、悟りを開いた人は全員「ブッダ」なので、実はブッダって普通名詞なんです。もちろん、ブッダの代表的な存在といえば、お釈迦さまです。でもお釈迦さまですら、一気にあらゆる苦しみを乗り越えてブッダになれたわけではありません。それこそ苦しみを乗り越えるのに〝四苦八苦〟しはりました。

「四苦八苦」はもともと、生・老・病・死の四苦に、さらに四つの苦しみを加えた合計八苦として、人が生きているうちに必ず経験する苦しみをいいます。そのひとつが「求不得苦《ぐふとっく》」。求めているのに手に入らない苦しみです。これを乗り越えるには、手の中にないものではなく、すでに得られて手の中にあるものを数えることやと私は思います。

十努力しても一しか手に入らなかったと嘆くより、一を得たことを喜んでええんやないでしょうか。理想を求めて頑張る自分の努力を、自分でゼロにしてしまわないでください。

……と書きながら、私自身にも言い聞かせてます。

069

とにかく人に影響されちゃう 挟まれて白が黒に　黒が白になるオセロみたいに

他人に従属することはすべて苦しみである。自分が思うがままになし得る主であることはすべて楽しみである。他人と共通のものがあれば、悩まされる。束縛は超え難いものだからである。

［ウダーナヴァルガ　第三〇章　四二］

他人に隷属することは苦しみ以外の何でもない。他人からあらゆる制約を受けることなく、自分で自分の主権を持つことは、喜び以外の何でもない。他人と行動などをともにするから悩みを抱える。束縛は耐え難い。

私もときどき人からの影響、受けてます。断食ええでって聞いて真似してみたり、自転車楽しいよって話をしてて自分でも結構高い自転車買っちゃったりしてます。

それはさておき、私が一番影響を受けている人というとお釈迦さまですが、お釈迦さまご自身も人の影響を受けて出家されています。ご存知の通り、お釈迦さまは古代インドにあったカピラヴァストゥという国の王子でした。城の東西南北の門から外遊に出かけ、老人と病人、死人、そして出家者に出会う「四門出遊《しもんしゅつゆう》」という有名なエピソードがあるのですが、最後に出会った出家者の姿に影響を受けて、お釈迦さまは出家を決意しはったんです。

さらにその後、アーラーラ・カーラーマ、ウッダカ・ラーマプッタというふたりの出家者に師事し、修行に励まれました。でも、完全に納得することができなかったために、師の元を離れ、悟りを開く方法を探すご自分の旅をスタートさせるのです。

人に影響されるのが必ずしも悪いということはないけど、その影響を受けるか、受けへんかは、一回自分でしっかり考えなあかんのやないかなと思います。自分を軸にしないと、ブレブレになって自分に自分が振り回されちゃいますからね。

070

友だちを都合よく使い分けてる気がするし されてる気もする　本当の友だちはいないのかも

今のひとびとは自分の利益のために交わりを結び、また他人に奉仕する。今日、利益をめざさない友は、得がたい。自分の利益のみを知る人間は、きたならしい。

［スッタニパータ 七五］

今を生きる人々は、自分の利益のために人と交流し、人の用を手伝う。そんな今日このごろ、自分の利益のためではなく、誰かのために行動することができる友だちを得るのは難しい。自分の利益だけを追う人々は浅ましい。

出家することを「世を捨てる」といったりします。この場合の「世」は俗世のことであって、人っこ一人いないところに行っちゃうことではありません。禅の影響を受けていた文豪・夏目漱石は小説『草枕』の冒頭でこう書いています。

――人の世を作ったものは神でもなければ鬼でもない。やはり向う三軒両隣にちらちらするただの人である。ただの人が作った人の世が住みにくいからとて、越す国はあるまい。あれば人でなしの国へ行くばかりだ。人でなしの国は人の世よりもなお住みにくかろう。

ほんまその通りで、人は人の輪の中にいるからこそ、誰かを自分と比べて嫉妬したり、怒ったり、イヤな気持ちになるんやけど、それでもなんだかんだゆうて一人では生きられません。当たり障りない友だちでも、その人といてあなたがそれなりに楽しければ、別にかまへんと思います。でも、自己犠牲を払ってまで奉仕する必要はないです。

本当の友だちは、自分を大切にするようにあなたを大切にしてくれる人。自分も相手も、どっちも大切にするバランスが大事です。もし本当の友だちを求めるなら、まずあなたから、自分を大切にするように相手を気に掛けるようにしてみて。類は友を呼ぶ、です。

071

同世代の中で自分だけが置いてけぼりくらってるかも

勝利からは怨みが起る。敗れた人は苦しんで臥す。勝敗をすてて、やすらぎに帰した人は、安らかに臥す。

［法句経 二〇一］

勝負に勝てば、負けた人から怨まれる。勝負に負ければ、勝者を憎み、辛くて寝込んでしまう。勝ち負けにこだわらなければ、勝者も敗者も生まれないということに気づいた人は、心穏やかに安らかに過ごすことができる。

うわ〜、あったなぁ、そういう時期。受験期とか、就職活動するような時期とか、おなじホームに立ってた同級生たちがみんな切符を持って次の電車に乗り込んでいくのに、自分だけポツンとホームに取り残されてるような気持ち。周りで鳩がバーッと飛んでったら、それが周りのみんなが飛び立つ羽音のように思えたり。

おなじぐらいの年頃やと、ライフステージの区切りもわりあいおなじぐらいのタイミングになりがちやし、人づてに誰が何してるとか耳に入りやすいですもんね。身近に思ってた人の話ってリアリティありますから、焦りを駆り立てられたり、劣等感を覚えたり、うらやましい気持ちも強いような気がします。「隣の芝生は青い」ってやつですね。

でもそういうときに、勝ったとか負けたとか思うのは、知らず知らずのうちにマウント合戦のリングに上がってしまっているからやし、実体のない勝ち負けで幸や不幸を判断するのは、他人と自分を比べる物差しで測ってしもてるからなんでしょう。戦う意味のないリングには上がらず、目盛りのない物差しもポイッと捨て、人に流されず、自分のペースでぼちぼちＧＯＩＮＧ ＭＹ ＷＡＹしましょ。

笛《ふえ》吹《ふき》童《どう》子《じ》

東塔のてっぺんの水煙に天人さんたちとともに透かし彫りされている。薬師寺ほど細かいデザインが施されている水煙はほかに例を見ない。

第4章

モヤモヤ系煩悩

疑《ぎ》・慢《まん》・悪見《あっけん》

「疑」「慢」「悪見」ってどんなボンノー？

根本的な煩悩をいくつとするかは宗派などによってバラつきがありますが、法相宗では六つとしています。貪瞋痴の「三毒」に、疑・慢・悪見を加えて「六大煩悩」と総称します。

まず「疑」は、正しいことに対して疑いを持ち、思い惑うことです。「慢」は、自慢や慢心の「慢」。自分と人とを比べて優劣をつけ、人をあなどる心の働きです。「悪見」は、おおまかにいうと〝誤ったものの見方〟です。物事をありのままに見ることができないことです。

072

誰かに頼んだこともずっと気になって結局いつも自分から動いちゃう

この世の中の人々は慢心をもっていて、つねに慢心にへばりつかれている。悪い見解にとりつかれていては、努力しても生死流転を超えることはできない。

［ウダーナヴァルガ 第二七章 九］

この世の人々は「自分はすごい」と驕りたかぶる気持ちを持っていて、いつもその気持ちにつきまとわれている。そうした悪いものの見方にとらわれたままでは、どんなに努力をしたとしても、悟りを開いて輪廻転生のループから抜け出すことはできない。

仕事してて、うまくいかないことってときどきありますよね。それを誰かに相談したり報告したりすると「ちょっと私やってみるわ」って言う人、いません？　それを「ラッキー！」と思える人もいるんでしょうけど、私の場合は、どちらかというと傷つきます。あなたが仕事全体の効率や相手の都合なんかを考えて、よかれと思って手を出しているのだとしても、相手によってはそんなふうに思ってはるかもしれません。

誰かに頼んでも結局自分で背負ってしまうのは、責任感の強さゆえでもあると思いますが、どこかに「相手がやるより自分でやった方がうまくできる」という気持ちがひそんでいる可能性大。それはつまり、どっかで人より自分の方がデキると思っているということ。すなわち「慢心」ですが、これがまた厄介な煩悩トラップなんです。自分に自信を持つことと、慢心は紙一重。でも、誰かと比べて持てるものは、自信ではなく、慢心です。誰かよりはデキる。そんな自分で満足してしまったら、自分で自分の成長にストップをかけてしまいます。頼んだことは相手に任せて、どうしてもの場合だけサポートすればええんやないでしょうか。気負わないで。

073

考えたって不確定要素だらけなのに将来のことを考えると不安で仕方ない

一大事とは今日《こんにち》ただ今の心なり

［正受《しょうじゅ》老人のことば］

一番大切なのは、今日の、まさにこの今の一瞬の己の心である。

江戸時代初期、日本の禅宗の一派である臨済宗の僧侶、正受老人のことば。正受老人が結んだ庵《いおり》「正受庵」は、長野県飯山市に今もあります。幾度か災害に見舞われながらも、あとを慕うお坊さんたちや地元の方の尽力で、当初の建材を再利用しながら守り継がれているそうです。

正受老人は江戸時代の禅僧で、名を道鏡慧端《どうきょうえたん》といいます。信濃（現在の長野県）松代藩主・真田信之の子で、十三歳のときに出会った禅僧から「自分の心の中に観音さまを見つけなさい」と言われたことをきっかけに仏門を志し、のちに出家。僧侶としての出世も多額の寄進も全部断り、小さな庵を結んで修行に専念します。臨済宗中興の祖であり、画僧としても名高い白隠《はくいん》禅師をはじめとする優れた弟子を育てたことでも知られています。

こうして昔の偉人の生涯にふれると、ほんまパッションがちゃうわ、と打ちひしがれます。私が十三歳のときなんて高校受験のことすら大して真面目に考えずに、ぷらぷら遊んでたと思います。おそらく多くの人が、十代後半から二十代前半ぐらいになって初めて、将来どうしようとリアルに考え、そしてとりあえずどっかに就職すると一旦目の前のことで手一杯になり、それが落ち着くと……「あれ？」ってなるんでしょうね。次のステップが見えないって、不安ですよね。でもわざわざ先回りして取り越し苦労することはないんやないでしょうか。過去は過去、未来は未来。あなたは今まさに、今現在を生きています。勝負が終わってる過去でも、不確定な未来でもなく、現在に全賭けしちゃいましょう。

074

また今度って言ってたのにもう二度と会えない後悔しても後悔してもしきれない

今死んだ
どこへもいかぬ　ここにおる
たずねはするな　ものはいわぬぞ

［一休宗純《いっきゅうそうじゅん》のことば］

私は今死んだが、どこにも行かない。ここにいる。何か尋ねられても、返事はできないけど。

無理難題をトンチで鮮やかに切り返すエピソードで知られ、だいぶ古いですがアニメの主人公にもなり、いわゆる「一休さん」として親しまれている一休宗純は、室町時代に実在していた人物。冒頭を「死にはせぬ」とする説もあり、辞世の句とも伝えられています。

悔やんでも悔やみきれない、永遠の別れ。私にもそんな別れがあります。お坊さんっていう生き方を選んでおきながら何もできなかった自分をその当時も責めましたし、今でも自問自答することがあります。会いたいなぁ。話したいなぁ。

後小松天皇のご落胤とも伝わる一休さんは、六歳で出家し、二十七歳になったある夜、カラスの声を聞いて悟りを開いたそうですが、お坊さんとしての出世は全く望まず、詩、狂歌、書画などに明け暮れ、ときにぶっ飛んだ行動で人々を驚かせる風狂の日々を過ごします。師匠も口では「バカもの」と言いながらも笑っていたといいますから、愛される人ではあったのでしょう。そんな一休さんが亡くなる前に詠んだとされる歌がこちらです。

……めちゃめちゃ救われません？　姿形は見えなくなってて、話しかけても答えてくれへんけど、どこへも行かずに、ここにいてくれてる。心の中にいるそんな人のことを裏切ったり、嘘をついたりなんて、できないやないですか。

だから今日も私はお坊さんで、本当に大したことできなくて、自分で自分が嫌になることもあるけれど、逃げ出すわけにはいかないんです。後悔すら、生かさなきゃ。

075

ズルしてでもラクしたい　それの何が悪いの？

因《いん》果《が》応《おう》報《ほう》

［仏説無量寿経］

すべての物事には原因があり、それにふさわしい結果が必ずある。

紀元前十五世紀から紀元前十三世紀に成立したとされる『リグ・ヴェーダ』は、インド最古の聖典とされています。一〇〇〇年以上もの間、口伝えされてきたそうで、正確には仏教の経典ではありませんが、仏教にもさまざまな影響を与えています。

インドではお釈迦さまが生きた時代のはるか昔から、哲学や宗教思想といった高度な精神文化が発達していました。一般的には仏教の考え方というイメージのある法（ダルマ）や業《ごう》（カルマ）、輪廻、転生といった概念も仏教以前に成立していて、「因果応報」もそのひとつです。三〇〇〇年以上前にはもうそんなんゆうてたなんて、インド人にびっくり。

ちなみに仏教では、仏教以外の教えを「外道《げどう》」といいます。お釈迦さまの頃のインドにも「正直者はバカを見る」みたいな説を唱えるプーラナ・カッサパさんをはじめ仏教と相容れない思想を持つ六人の思想家（六師《ろくし》外道）がいました。『沙門果経《しゃもんかきょう》』という経典には、父王を殺して王位を得たアジャータサットゥ（阿闍世《あじゃせ》）王が「修行して何のメリットあんの？」と、彼らとお釈迦さまに順に問うていく様子が描かれています。長すぎるので割愛しますが、六師外道たちは自説を主張するばかりでメリットを説明することはできず、王が納得できたのは「あらゆる苦しみのない悟りの境地がゴールや」と説いたお釈迦さまの説だけでした。

「ズル」だと思ってしている「ラク」は、本当の意味で〝楽＝幸せ〟なんでしょうか？　ちょっとでも胸が痛むなら、スタンスを改めてみてもいいのかもしれません。

076

目標を立ててもだいたい三日坊主　三日の壁を乗り越えたい

此《これ》有れば彼有り、
此生ずれば彼生ず。
此無ければ彼無く、
此滅すれば彼滅す。

［阿含経《あごんきょう》小部 自説経（ウダーナ）］

コレがあるからアレが存在し、コレがきっかけでアレが起こる。コレがないからアレもなく、コレがなくなるからアレもなくなる。全部つながってる。

仏教はインドから南北に分かれて伝わり、日本を含む東アジアは北伝です。「縁起」の説明によく使われるこのことばは、主に東南アジアに広がった南伝のパーリ語経典に見られます。昭和に入り、その日本語訳『南伝大蔵経』（大蔵出版）が刊行されています。

私は意外と、断食とかダイエットといった自分でやると決めたことや、何かと追い込まれると、だいたいなんとかしちゃうようなところがあります。親しい人からは「穆道さんって、最後帳尻合わせますよね」って言われてますが、一応、ちゃんと考えてます。もちろんすべてを完璧にこなせるほど優秀ではないので、ほんとギリギリですけど。

物事が「因」からスタートするとして、「果」はゴールってことになりますが、スタートを切って、自分なりのゴールを決めるには、それなりにエネルギーが要ります。それが、「縁」です。エネルギーはときどき不足しちゃうので、そういうときは「どうしてダイエットしたかったたんやっけ？　そうそう、太りすぎて正座がしんどいからやったわ。一キロ増えると膝に三キロの負荷がかかんねん」とか思い出すと、やる気を補充できることもあります。ゴールを思い描くより、スタート地点を振り返るってことですね。

でも、三日坊主でも三日分は経験できてることにはなるので、無駄にはならないと私は思います。できないことを嘆くより、ちょっとできた自分を褒めてあげましょうよ。三日ずつ経験してるうちに、いつか四日目を迎えられるものが見つかるといいですね。

077

昨日も今日もおなじことしてる　おなじことしてる　きっと明日も　このままずっと変わらないの？

只管打坐《しかんたざ》

［正法眼蔵随聞記］

『正法眼蔵随聞記』は、日本の禅宗のひとつである曹洞宗《そうとうしゅう》を開いた道元《どうげん》の年上の弟子・孤雲懐奘《こうんえじょう》が、師から教わったことや師との問答を詳細に書き留めたものを元にした語録書。

懐奘は、自分の死後、師の墓所に並ぶ場所ではなく、お仕えする者としての位置に埋葬するようにと遺言するほど、道元を敬愛していたようです。

お坊さんも実は結構、ルーティンワークなんです。薬師寺の場合、一日でいうと朝五時から全部のお堂を回ってお経をあげて茶粥を食べ、寺務（意外かもしれませんがパソコンで資料作ったり会議したり）や法話をして夕方五時に鐘をつき、日によってはそれから会議や残業。年間でいうと、皆さんが休んではる盆暮正月は、当然のことながらむしろ繁忙期。大小さまざまな法要やら、イベントやら……こう見えて、いろいろしてます。でも、人の生活って、多少なりともルーティンなのだと思います。

禅宗では、生活のすべてが修行とされていて、おなじことを繰り返していく中で、物事の本質を見定めるそうです。私たちは何かする前に考えて、意味があるんだろうかと悩み、世の中の情報に振り回されてしまいがちですが、道元さんは「ただ座れ」と説いてはります。ハッとさせられるほどのシンプルさです。

そもそも何事でも〝おなじ〟に見えて、毎回違うはずなんです。おなじようなことを繰り返しているだけのつもりでも、振り返ってみれば、効率が上がっていたり、やれなかったことができるようになっていたり。確かに変わっているはずです。

078

心の底から笑ったのはいつだったろうか そもそも心の底から笑ったことがあるだろうか

慈眼視衆生《じげんじしゅじょう》
福寿海無量《ふくじゅかいむりょう》
〔妙法蓮華経《みょうほうれんげきょう》 観世音菩薩普門品《かんぜおんぼさつふもんぼん》 第二十五〕

観世音菩薩さまは慈しみの眼差しで我々をご覧になられる。幸せをもたらすその功徳は海のように広大である。

サンスクリット語の『法華経』の鳩摩《くま》羅什《らじゅう》による漢訳が『妙法蓮華経』です。日本への仏教伝来当時、つまり聖徳太子の頃にはすでに伝わっていたようです。全二十七（のちに二十八）章のうち、このことばが含まれる第二十五章は有名で、『観音経《かんのんぎょう》』とも呼ばれます。

笑うって、いろんな種類がありますよね。楽しくても笑うし、誰かの不幸も笑うし、悪だくみするときにも笑うし、悲し過ぎて笑ってしまうこともあるし。でもきっと「心の底からの笑い」は、ポジティブでハッピーな笑いのことをいうのでしょう。それがどんな笑いかといえば、観音さまのようなスマイルなのではないかな、と私は思います。優しく思いやりをもって、誰かの幸せも我がことのように喜び、笑える。そんな笑いが自然と湧き上がってきたら、自分も元気をもらえるはずです。

ところで私は法話の前に「笑いヨガ」っていうのをときどきさせてもらってます。お腹の底から大きな声を出しながら、ワーッハッハッハと笑うだけなんですけどね。別に何もおもろくなくても、顔を笑顔の形にすることで表情筋が刺激され、ポジティブな感情が生まれてくることは、科学的にも実証されているそうです。

「笑う門には福来《きた》る」。なかなか心の底から笑えないようなら、まずは形から入ってみるのもひとつの手です。どんなときも優しく見守ってくれている人はいるはずです。クサクサしてる自分を、笑い飛ばしてやりましょう。

079

負のループから抜け出せない 出口が見つからない

正精進

断ち切れない

決まりごとを守り、心を落ち着けて、ひたすらに努力し続けること。

精進というと「精進料理」から肉や魚などのいわゆる生臭ものを食べないことをイメージするかもしれませんが、本来は〝正しく頑張る〟こと。精進料理は、修行を正しく頑張るための食事という意味になります。

仏教では、理想の境地にたどり着くための八つの正しい生活態度を「八正道」といいます。「正精進」はその六つめ。過去してしもた悪いことはもうせーへん。これまでせーへんかった悪いこともせーへん。過去にしたええことは、よりやってく。これまでにしてこーへんかったええこともこれからはしてく。シンプルに見えて、実践するのは難しい！

今のところ落ち着いていますが、実は私、うつ病になったことがあります。そこから立ち直った方法って、正精進に通ずるシンプルなものです。まず養生。無理をやめる。日の光を浴びて、ちゃんと食べて、ちゃんと寝て、ほどよく運動。ときどき整体とか鍼に行って自己メンテナンスもするようになりました。

残念ながら、ある日目が覚めたら状況がガラッと好転していることもありませんし、魔法みたいに一瞬で辛さを消し去ることもできません。でも小さく見えることからでも変えていけば、本当に少しずつかもしれないけれど、確かに変わっていきます。永遠に続くように見える長いトンネルにも非常出口があるように、落ち着いて見回してみたら意外なところに負のループを抜け出すヒントが転がってるかもしれません。

080

猫がいれば幸せ いや確かに幸せだけどそれでいいのか

少欲知足《しょうよくちそく》

欲を抑えて、満足を知ろう。

さまざまなお経に登場することばです。『仏説無量寿経』では「田があれば田のことで思い悩み、家があれば家のことで思い悩む。田がなければ田があればと憂い、家がなければ家があればと憂う」というような一節があります。ないから求めるだけでなく、あっても満足できない欲に対し、法蔵菩薩さまが修めた行のひとつとして「少欲知足」が説かれています。

うちにも猫がいます。最初は全然懐かなかったんですけど、ある日を境に膝の上に陣取るようになり、朝起きたらかたわらで寝ていることもあります。可愛いよ猫。猫可愛い。顔をうずめて猫のにおいを胸いっぱいに吸い込む、猫吸い。至福。

猫がいれば幸せです。これは間違いないです。猫がいて、それでええと思えるなら、それでええんやと思います。仏教では、欲を全否定しているわけではありません。食欲とか睡眠欲を否定しちゃったら、生命に関わりますし。よい行いをしたい、悟りに至りたいというようなよい欲は、自分の人生をよい方向に導くエネルギーにもなります。行き過ぎる欲、人を傷つけてまで自分が利益を得ようとするような悪い欲をなるべく減らせるようにコントロールしながら、よい欲をエネルギーにして、猫のように穏やかに（あ、うちの子の場合かも）、心が満たされるように生きていければ、それで十分やと思います。

猫を吸って（吸う前提）心が満たされるなら、それでええと思いますが、それだとちょっと寂しいな、物足りないなと思うなら、自分が何を望んでいるのか、それは悪い欲ではないか振り返ってみて、自分の糧になるならアクションを起こしてもいいのでは。

081

「悩みなさそうだよね〜」って言われるしコレといってないけど　幸せ！とも思えない

避けねばならぬことを避けなくてもよいと思い、避けてはならぬ（＝必ず為さねばならぬ）ことを避けてもよいと考える人々は、邪な見解をいだいて、悪いところ（＝地獄）におもむく。

［法句経　三一八］

避けるべきことを避けなくていいと考え、避けずに取り組むべきことを避けてもよいと考える人たちは、間違ったものの見方をするようになり、地獄に落ちる。

してはいけないとされていることをして、しなくてはならないことをしないでいれば、正しい行いが身につくはずはなく、悪い方へ、悪い方へと流されていくばかり、ということです。

悩まず、気楽に、前向きに。ここ最近、そういう生き方がちょっとした理想とされているようなところがあると思います。実際、そう生きられている人もいるのかもしれませんし、人に相談するほどの悩みはない、という人もいるでしょう。悩みはないに越したことはありませんが、悩みがないことと幸せであるということはイコールではないと思いますし、「悩んではいけない」みたいなリミッターがかかっているのかも、とも思います。

キャリアアップを図るために転職するか今の職場で頑張るかで悩む、みたいな、自分の努力で乗り越えられる悩みは、経験値をアップさせてくれる有意義な悩みです。職場で苦手な人がどっか行ってくれんかな～とか、自分でどうこうできないことで悩むのは、あんまり意味がないです。悩むこと自体を避けて通り続けることは、スマートかもしれないけれど、内容によってはむしろ、ガッツリ真っ向から悩んでもよい気がします。

あれこれ深く考えなければ、悩むことも少ないと思います。それを否定するつもりはありません。でも「幸せ」って思えないなら、それはご自分の悩みから逃げているだけなのかもしれません。悩んだっていいじゃない。考えすぎ上等です。

082

人からは順風満帆に見えてるはず　だけど裏でむちゃくちゃ頑張ってる　止めたら居場所をなくす？

大丈夫

立派な人間。

サンスクリット語で〝偉大な人〟を意味する「マハー・プルシャ」の漢訳が「大丈夫」であり、お釈迦さまの異名のひとつともされます。

『華厳経』には「もし諸《もろもろ》の菩薩この法に安住すれば即ち大丈夫の名号《みょうごう》を得ん（修行者は法の元に安住すれば、大丈夫と称されるようになる）」とあります。

「港区女子」なんて人たちがいると聞きます。東京・港区界隈にいる女性たちで、いわゆるキラキラした暮らしをしていて、キラキラした結婚生活を手に入れることを最重要課題としているそうです。いるんかな、そんな人。それはさておき、誰しも多少は人に認められたいという承認欲求や、自分をよりよく見せようとする自己顕示欲を隠し持っているもの。ほどほどにコントロールできるなら、自分を成長させるエネルギーに転換できると思いますが、取り扱い注意ですよね。そういう欲って暴走しやすいし、肥大しやすいですから。

今ではあぶなげなく、しっかりと安心できるさまを「大丈夫」と表現しますが、元は古代中国周王朝で身の丈が一丈（当時は約1・8m。のちに約3・3m）ぐらいになると一人前の男＝「丈夫」とされ、中でも優れた学識と人徳を備えた人を「大丈夫」と呼んで褒めたたえたことから、お釈迦さまの異名のひとつにもなりました。

あなたの人生はあなたのもの。人からどう思われるかより、あなたが自分の人生の舵取りをすることのほうが大切です。頑張って得たものはあなたの手の中にあるから、大丈夫。ちょっと息切れしたぐらいで離れていくようなら、むしろノーサンキューで大丈夫！

083

いつか命は尽きるのに どうして今頑張らなきゃいけないの？

つとめ励むのは不死の境地である。
怠りなまけるのは死の境涯である。
つとめ励む人々は死ぬことが無い。
怠りなまける人々は、死者のごとく
である。

［法句経 二一］

頑張っている人たちは、死を乗り越えて悟りの境地に至る。怠けている人たちは、死の崖っぷちにいる。頑張っている人たちに、死という苦しみはもたらされない。怠けている人たちは生きながらに、もう死んでいるようなもの。

曹洞宗の開祖、道元は「修証一等《しゅしょういっとう》」と説いています。ただ行を修めることのみに一心になることができたら、それは悟りという証を得ていることと等しい、ということです。

おさらいになりますが、王子として何不自由なく生まれ育ったお釈迦さまが、修行の旅に出た原体験を「四門出遊」といいます。城を出て、老人、病人、死人、そして最後に出家者に出会い気づくのです。必ず老いるし、病むし、死ぬのに、なんで生まれ、そして生きてかなあかんねやろ。「生老病死」の四つ「四苦」にお釈迦さまは真っ向から向き合い、乗り越えたうえで「こうしたらええと思うで」という方法を示してくれてはります。

現存する日本最古の和歌集、奈良時代に編まれた『萬葉集』に、こんな歌があります。「生ける者《ひと》つひにも死ぬるものにあればこの世なる間《ま》は楽しくをあらな」（大伴旅人《おおとものたびと》）。どうせ死んじゃうんだし、生きてる間は楽しく生きようぜ！　ラテン語のことわざ「メメント・モリ（死を想え）」に通じる考え方やと思います。

頑張っても、頑張らなくても、ゴールは一緒ですが、死ぬために生きてるわけではないのは確かです。私は、最期の瞬間にもしちょっと考える余裕があったら、自分なりに頑張ったな〜って自分で自分を褒めてあげたい。死によって無に帰すとしても、自分の人生が自分にとって、意味のある無になればいいなと思いながら、今日も生きてます。

084

ついこの間誕生日だったはずなのにもう誕生日めっちゃ焦る

諦観《たいかん》

物事を明らかに観る。

仏教では物事を注意深く見る、正しく見ることをよしとしています。「達観」や「観念」もやはり仏教では物事を智慧によって見極めることをいいますが、どれもいわゆる〝諦め〟のニュアンスを含むことばです。自分の思い通りにいかないことにスッパリ見切りをつけるのはポジティブな行いなのに、未練を断ち難いがゆえにネガティブな意味のほうが一般化したのでしょう。

お坊さんって、坊主頭だから年齢の変化がわかりづらいらしく、割と長いこと若者扱いされる気がします。薬師寺の場合、お坊さんが十人ほどいるのですが、私は下から数えた方が早いのでアラフィフでも若僧なんです。せやけど膝に水は溜まるし、ちょっと体調崩したらなかなかリカバリーしないし、剃るのラクやからええけど髪の毛も減ってます。

老いることを、「諦め」ましょう、仏教的な意味で。それはつまり「明らかに見る」ようにしましょ、ということです。十年ほど前に、六十代以上のNY《ニューヨーク》マダムたちのファッション写真集『Advanced Style』（Ari Seth Cohen・著）が世界各国でベストセラーになり、イギリスの俳優ジョーン・コリンズさんは「年齢はただの数字」と言わはったそうです。まさに、明らかに見てはるな～、と思います。老いにあらがうでも嘆くでもなく、今を生きてく。これから先の人生で、今日が一番若い！　年相応のケアは必要かもしれませんが、わざわざ玉手箱を開いて心の方が先に老け込んでしまうことはないと思います。

ちなみに四捨五入すると百歳の私の師匠は、いまだに全国で講義をしています。耳が遠くならはりましたが、「しょーもない話聞かんで済むからええわ！」ですって。

085

ブレーキが壊れたように走り続けてるそれでどうなる？　どこへ行き着く？

毒《どく》箭《や》の譬《たと》え

［マッジマ・ニカーヤ（小マールンキャ経）］

毒矢に当たった人が、「この矢を抜く前に、誰によってどのように射られたかを知りたい」などと言って治療を拒めばその人は命を落とすだろう。

世界は有限か無限か、死後の世界はあるのかを考えても一切の苦を乗り越えることはできない。まず毒矢を抜き取るように、苦を取り除くのが先だ。

本質とは関係のない他のことに気を取られて、本来の課題を後回しにしてしまうことのたとえです。

仏教において、生きる目的とは、悟りを開くことです。悟りを開くというのは、あらゆる苦しみを消し去ることです。悟りを開いた人が、仏と呼ばれます。仏になるためのアプローチ方法が、「行」です。お経を読んだり、座禅したり、滝に打たれたり、多種多様な行がありますが、行はあくまでも悟りという目的のための一手段に過ぎません。お釈迦さまも悟りを開かれる前にさまざまな苦行をしはりましたが、悟るどころか苦しいばっかりやったそうです。目的を見失うほどの手段には、意味がないわけです。

よりよく生きることが、よりよく死ぬことだとすると、朝起きて寝るまでにしてるすべての行いを〝行〟ということもできます。仕事や生活も大事ですが、それは心穏やかな、心豊かな自分でゴールテープを切るという目的のための手段に過ぎません。目的と手段を履き違えて、アクセル全開で明後日の方向に向かってしもたら、それこそ骨折り損のくたびれ儲け。一旦止まって、地図を広げ、コンパスを取り出して現在地を確認して。落ち着いて、目的地とルートを選択したらリスタート。仕切り直すなら、早めが肝心です。一生懸命になれるあなたなら、正しい方向に走り出せさえすれば最強です！

086

普通ってなんだっけ

万法唯識《ばんぽうゆいしき》

すべては唯、識、すなわち自分の心によって成り立っている。

この世には自分の識だけがあり、すべては心の内にあり、〝ある〟と思っている外の世界も本当はない（究極的には、自分の心も識もない）。

たとえば「幽霊の正体見たり枯れ尾花」というように、幽霊を作り出している、つまりありもしないものをあるかのようにしているのは自分の心ということ。

薬師寺の場合、オフィシャルな用事には衣《ころも》に袈裟、足袋に草履というスタイルで出かけます。普通あんまり見かけないですよね。新幹線になんか乗ると、ジロジロ見られることもありますす。でも寺ではお坊さんみんなおなじ格好してます、それが普通なんで。

そんなふうに「普通」はところにより、またそのときどきでフワフワ変わってしまうもの。形があってないようなものです。多くの人が「普通」に振る舞おうとするのは、その場の大多数っぽい方に合わせとこうぜ、という同調圧力を感じ取っているからでしょう。

法相宗の教えである唯識では、この世のすべては心の中にあると説かれています。そのうえで、心の働き（＝「識」）の深い層で無意識に働く〝自分大好きフィルター〟「末那識」を通して、好き嫌いや得手不得手、幸不幸など、その人にとってすべての物事がそれぞれにどういうもんかを設定している、と考えます。無自覚かつ本人限定の設定なんて厄介！

あなたにとっての普通が誰かの普通とは限らへんし、逆もまた然り。だって、あなたの「普通」はあなたの心の中にしかないから。それが「普通」やとしたら、あなたも普通やし、あなたが普通やないと思っている誰かも普通、全員、普通。お互いさまです。

087

髪も伸びっぱ　服も何年も買い替えてない
ごはんも適当　自分に興味がない

人は己より愛しいものを見つけることはできぬ。
他の人々にとってもまた、それぞれにそれぞれの己が愛しい。

［サンユッタ・ニカーヤ　マッリカー］

古代インド、コーサラ国のパセーナディ王がある日、王妃のマッリカーに「あなたには自分より愛しい人がいるか」と尋ねると、賢い王妃は「おりません。あなたにはおられますか？」と問い返し、王も同意せざるを得なかった。これを聞いたお釈迦さまはこう説いた。「心の中のどこを探し求めても、自分より愛しいものは見出せない。すべての人にとってそうである。己を愛する人は、他人を害してはいけない」。

私もあんまり服とか興味なくて、穴の空いたパンツでも平気です。人から見えへんし。朝ごはんはお坊さんが当番制で作る茶粥、昼はお寺の食堂のおうどん、夜はなんなら食べなくてもいいです。できればお風呂もキャンセルして、寝たいです。とにかく。

私はただのズボラですが、普段ちゃんとしてはるのに何かをきっかけに一時的に生活に必要な衣食住をととのえる気力をなくすことはあるかもしれません。でもあまりに続くと、自分の健康や安全すら危うくする「セルフ・ネグレクト」状態に陥りかねません。

高屋奈月さんの漫画で『フルーツバスケット』という名作があります。名言だらけなのですが、中でも印象深いのは、洗濯物の話。主人公の透に、山積みの洗濯物を前にしてどうするか、というたとえ話をするぐれさん（紫呉《しぐれ》）はこう続けます。「…とりあえず足許《もと》にあるものから　洗濯してみるといいかもね」。

お釈迦さまも、自分を一番大事にしてええで、とゆうてはります。禅のことば「歩歩是道場《ほほこれどうじょう》」によれば、〝生活こそが修行の場〟。自分を愛するためにも、山積みの洗濯物の中からまずは一枚、足元にあるものから手をつけてみてはどうでしょう。

088

毎日しんどい　毎日頑張ってる　でもこんな自分になりたかったわけじゃない

日《にち》日《にち》是《これ》好《こう》日《じつ》

［禅僧・雲門文偃《うんもんぶんえん》のことば］

毎日毎日、どんな日もいい一日。

晴れの日もあれば雨の日もあるように、いいことばかりの日々ではない。それを受け入れて、生きている今に感謝することができれば、毎日がよい日。

古代中国、唐代末～五代十国時代の禅僧・雲門の禅語で一番有名なのがこのことば。ほかに「仏とは何か」を問われて答えた「乾屎橛《かんしけつ》（今でいうトイレットペーパー）」などがあります。

お茶を通して「すぐわからないもの」をゆるやかに学び取っていく主人公の姿が印象的な『日日是好日』という映画がありました。小難しいことは抜きにしているのに、映像の中には茶の湯のベースになっている禅の教えがそこはかとなく漂っていて、主人公と一緒に小さな気づきをもらえるような、そんな作品です。

しんどくなるぐらい毎日頑張っていると、鏡の中の自分にびっくりしますよね。いろんなことに追われながら、奥歯噛み締めて頑張ってるのに、人からすれば当たり前みたいになってしもてて、軽く次の仕事を追加されて疲れ倍増、そりゃクマもできます。

仏教では、何事も「有り難い」つまり〝有ることが難しい〟と考えます。あなたが頑張ってることも、ごはんをいただけることも、そこそこ健康であることも、生きていることそのもの全部ひっくるめて、有り難い。有り難いはずのことが当たり前のように続くことほど、有り難いことはありません。喫茶店でひと休みするときとか、お風呂につかるときとか、ほんの一瞬でもいいです。今日というかけがえのない一日を当たり前みたいに頑張れた自分を「有り難い」と褒めてあげて。今日も、いい日！

089

付き合ってる人のことは好きだけど一番好きな人には自分からは言えない

末那識

［成唯識論］

自我執着心。

直訳すると「意識」を意味するサンスクリット語「ｍａｎａｓ」の漢訳が「末那」。自分大好きフィルター。

人間の意識を八つに分け、上から五つまでの「五識」がいわゆる五感、六つ目の「六識」が意識でここまでは本人が認識できる範囲。その下の七つ目の「七識」が末那識で、最下層の「八識」の阿《あ》頼《ら》耶《や》識《しき》とともに深層心理、つまり無意識下で働くと考えます。

人は何かを経験するとき、まず視覚・聴覚・嗅覚・味覚・触覚の五感にあたる「五識」（眼・耳・鼻・舌・身）によって感じ、「意識」によって考えます。ここからが唯識ならではの考え方で、それらの経験は常にバックグランド実行されている〝自分大好きフィルター〟「末那識」を通してラベリングされ、「阿頼耶識」という無限の受け皿に放り込まれていきます。阿頼耶識にストックされた経験は「種子《しゅうじ》」として、何かを経験したときに「前にもこんなことがあったな」と経験則としていわば〝発芽〟します。

付き合っている人はまぁまぁ好きで、一番好きな人を一番好きだとラベリングしているのは、あなたも知らないうちに末那識というフィルターを通しているから。一番好きな人に自分から言えないのは、ラベリングされた経験（種子）によって、うまくいかなくて傷ついたこととかを思い起こしてしまうからでしょう。

人は経験に学び、成長します。せやけど、日々私たちはすべての人、物事に一期一会でもあるんやと思います。ずっと知ってる人でも、今日会うその人は、今日その日のその人です。ときにはその日の心の動きを素直に行動に移してみても、ええのかもしれません。

090

毎日ひとつも楽しいことがない　休日も別に楽しくない　私の人生はつまらないままなの？

もろもろの聖者に会うのは善いことである。かれらと共に住むのはつねに楽しい。愚かなる者どもに会わないならば、心はつねに楽しいであろう。

〔法句経 二〇六〕

正しい道理を悟った人々と会うことはよいことだ。そうした人々とともに過ごすことは、いつも楽しい。そして愚かな人に会わないで済むなら、心はずっとのびのびと晴れやかで満ち足りているだろう。

小説家の芥川龍之介は、友人の久米正雄に宛てたとされる遺書『或《ある》旧友へ送る手記』に、決断の理由を「少くとも僕の場合は唯ぼんやりした不安」と説明しています。「ぼんやりした不安」は「精神的苦痛」とは区別されていて、「将来に対する」ものとも綴られています。もしかしたら、ちょっとドキッとしちゃった人も、いるかもしれませんね。

仏教では、心に向き合おうとするときに邪魔になる五つのフタ「五蓋《ごがい》」があると考えます。なんとなくぼんやりと不安な状態は、やる気が出なくて妙に眠たい「惛沈睡眠蓋《こんじんすいめんがい》」と、なんだか心がざわついて後ろ向きになってしまう「掉悔蓋《じょうげがい》」あたりが、あなたの心にフタをしているのかもしれません。まぁ、そんなときもありますって、生きてれば。

仏教の修行をしていても「退屈」してまうことだってあります。悟りの世界は広すぎるし、修行の道に終わりはないし、今してることでほんまに悟れるのかわからへんし。これが仏教でいう「退屈」なんですが、お釈迦さまはそんなとき、師や友と交流することを勧めています。しばらく会ってなかった友だちに会いに行ってみてはどうでしょう？　いつものルーティンからちょっと抜け出し、面と向かって人と話してひとまず気分転換を。

091

大切な人がめちゃくちゃ悩んでるのに何も役に立てない

四摂法

［雑阿含経］

社会生活で欠くことができない四つの徳。分かち合うこと（布施）、あたたかいことばをかけること（愛語）、見返りを求めずに人のため行動すること（利行）、相手の立場に立っておなじ行動をすること（同事）の四つ。

「摂」は〃引きつけてまとめる〃という意味で、お釈迦さまが人々に教えを説き正しい道へと導こうとする際にまず用いた、人との距離の縮め方。

お釈迦さまは、誰かを救うタイプのヒーローではありません。その代わり、悩める人々が自分で自分を救う方法をひたすらに説いて回らはりました。でも、初めましての人やったり、その人がシャイやったり頑固やったりすると、最初から心を開いてもらうんは難しいものです。そういうときにお釈迦さまは、まずその人に寄り添ってじっくり話を聴き、あたたかいことばをかけ、その人自身が「あっ！」と気づけるような教えを、一切の見返りを求めることなくその人のために与えはりました。もしかしたら、お釈迦さまなら悩みそのものを一瞬で消し去る魔法も使えたんかもしれませんが、悩みを抱えている本人が解決しない限り、次に壁にぶつかったときに乗り越える力は身につきませんもんね。

これが「四摂法」ですが、簡単そうに思えていざ実践しようとすると難しい。調子ええときならひとつぐらいなんとかいけそうですけど、常にとなるとなかなかね。でも、せめて大切な人が悩んではるときは、ただ黙って寄り添ったらええんやないでしょうか。プレゼントもアドバイスも世話焼いてもらうんも、私の場合はしんどすぎるとかえって重たく感じてしまいます。親しい人に、ただそっとそばにいてもらえたら、それで十分です。

092

好きだった曲も好きだったお店も　好きだった趣味も"好き"がどんどん減っていく

われわれは一物をも所有していない。大いに楽しく生きて行こう。光り輝く神々のように、喜びを食《は》む者となろう。

［法句経 二〇〇］

私たちは何ひとつ持っていない。持たざるままに、思いっきり楽しく、身軽に生きよう。光り輝く神々のように、喜びを味わう人となろう。

ここで登場する神々は「光音天《こうおんてん》」といい、口からことばではなく清らかな光を放って伝え、喜びを食物とするとされています。

私は結構なオタクやったと自認してます。漫画の雑誌連載から読んで、コミック買って、映像化されたら何度も繰り返し観て、ゲームになったらやり込んで、関連商品をコレクションしてました。オタク仲間と某ファストフード店に集まってゲームしたり、アニソン（アニメソングです）縛りでカラオケしたりもしました。でも今そこまでハマってるものがあるかっていうと、ないんですよね。あえていえば、ちょっと万年筆を集めてるぐらいですかね。でももう十分持ってるな、って思えてからは、新しいものも買ってないです。

大人になったなー、と思う反面、ちょっと寂しくなる気持ち、わかります。好きなものが埋めてくれていた時間がぽっかり空いちゃって手持ち無沙汰になるし、張り合いなくしたような気もしちゃいますよね。でも、仏教では我を忘れてしまうほど何かに執着することはおすすめしていないので、それでええんやと思います。晴れた日は日差しを楽しみ、雨の日は雨音を楽しみ、誰かの笑顔に癒やされる。禅宗に「脚下《きゃっか》照顧《しょうこ》」ということばがありますが、見過ごしてきた喜びが自分の足元で見つかるんやないかと思います。

093

DO YOUR BESTのBESTってどれぐらい？

慎んで過去を念ずることなかれ。
また未来を願うことなかれ。
過去事は已に滅し、
未来またいまだ至らず。
現在所有の法、
彼またまさに思いをなすべし。

［中阿含経］

過去にとらわれてはならない。未来を願ってはならない。過去はすでに過ぎ去り、未来はまだ訪れていない。今このときを見つめ、できる限りのことをしよう。

初期の仏教経典に登場する一節。インドの南方へ伝わった南伝仏教の経典では『バッデーカラッタ・スッタ』（『一夜賢者の偈』という呼ばれ方で知られています）にも、同様のお経があります。

以前から英語で「現在」を意味する「ｐｒｅｓｅｎｔ」と、いわゆるプレゼント（贈り物）ってなんでおなじスペルなんやろうと思っていたんですが、文学的な数学者である森田真生《まさお》さんが著書『数学の贈り物』でこんなふうに綴っています。

――目の前の何気ない事物を、あることもないこともできた偶然として発見するとき、人は驚きとともに「ありがたい」と感じる。「いま(present)」が、あるがままで「贈り物(present)」だと実感するのは、このような瞬間である。

もしあなたがまだ何ひとつしていないなら、現時点ではあなたのベストはゼロやと思います。なんかするときにどれぐらいがベストかをあらかじめ知ってから「それぐらいならやるか」って始めることなんかないですよね。そんなんベストってゆわへんし。尽くすべき最善は、量より質です。正しい方向に向かうために、今出せるだけの力で、ちょっとでもいいから何かしてみる。あるがままで有り難い、贈り物のような今を、そのときの全力、そのときにできる範囲の最善で生きればええと思います。水前寺清子さんの歌「三百六十五歩のマーチ」の通り、幸せは向こうから歩いてはきませんから。

094

イヤだけどやらなきゃいけないことにかかりきり　これじゃ本当にやりたいことなんて一生できない！

放てば手に満てり

［弁道話《べんどうわ》］

手放せば、手に入る。

曹洞宗の道元が宋（中国）から帰国した四年後にまとめた仏書『弁道話』の一節。本来は「妙修《みょうしゅう》を放下《ほうげ》すれば、本証《ほんしょう》手の中にみてり」とあり、だいたい「一心に行に打ち込むにつれて、行に向き合う心身への執着を捨て去ることができ、悟りの喜びに満ちあふれる」というような内容になろうかと思います。

取り方によって、実はかなりニュアンスが変わることばです。

仕事や家事、子育てや介護、人それぞれやらなきゃいけないことがたくさんあります。えてして義務感から何かに取り組むんはしんどいし、イヤなものです。

あなたが「本当にやりたい」と思っていることがどんなことなのかはわかりませんが、やりたいことをやっている（ように思える）人は、充実していて楽しそうで、自分と比べてキラキラして見えるかもしれません。でも、ほんまにやりたいことをやれているかはその人にしかわからへんし、そうやとしても、わき目も振らずに努力し続けるのは、並大抵のことやないです。大谷翔平さんかて、見えてへんだけでめっちゃしんどぃトレーニングや練習を、毎日たゆまず積み重ね続けてはると思います。

作戦その一は、やらなあかんことに一心に取り組むことです。義務感を超えたやり甲斐など、得られるものもあるはずです。作戦その二は、やらなあかんこととやりたいことを天秤にかけることです。どうしてもやりたいなら、やらなあかんことの方から何か手放しましょう。仕事を変えるなり、外注するなり、意外となんとかなるはずです。この場合は手放してはじめて、あなたの手に何かを得る余地が生まれるやろうと思います。

095

人の不幸自慢を鼻で笑いながら自分も不幸自慢してる

愚かな者は、悪いことを行なっても、その報いの現われないあいだは、それを蜜のように思いなす。しかしその罪の報いの現われたときには、苦悩を受ける。

［法句経 六九］

愚かな人は悪いことをしても、その報いを受けるまでは、蜜のように甘いものと考えて悪事を働き続ける。罪の報いが現れてようやく苦しみ、悩みにさいなまれる。

不幸話を楽しそうにしてくる人って、ときどきいますよね。聞いててすごい疲れます。あなただけが不幸なわけやないでと、ついムキになって不幸話を打ち返してしまったら、さぁ大変。不幸話ラリーの始まり、始まり。不幸自慢なんて、仏教を引き合いに出さなくったって意味のないバカバカしいことやとわかりそうなものですが、それでも意外としてしまいがちなのは、辛い目に遭いながらも頑張る自分をドラマのヒロインにでも見立てて自分で自分に酔い、〝カワイソウなアタシ〟アピールしてるんかもしれません。

仏教では、本来恥ずべきことを自慢することを「邪慢《じゃまん》」といいます。また、仏教でいうところの「我慢」は、全然いい意味ではなくて、自分が間違っていてもそれを素直に認めず、自分の考えは正しいと思い込むことをいいます。せっかく辛いことをガマンして乗り越えたのに、それを自慢げに話してしもたら、邪慢&我慢の煩悩コンボで自分の徳を下げ、相手を疲れさせるだけ。そう遠からぬうちに距離を置かれても文句はゆえへんかも。

誰かに同情されようと思わなくても、阿弥陀さまは大きな慈悲であなたを救ってくれはります。人と話すときには、ぜひ明るい話題をチョイスしましょ！

096

振れ幅がジェットコースター 自分で自分についていけない

御者が馬をよく馴らしたように、おのが感官を静め、欠点を捨て、汚れのなくなった人――その人を神々でさえもつねに羨む。

［ウダーナヴァルガ第一九章 三］

馬をあやつる人が、馬をよく飼い馴らして制するように、自分の心身をととのえ、欠点をなくし、心から汚れをなくした人。こうした人は、神々にさえもつねに羨まれる。

『法句経』九四もほぼおなじ内容。ちなみに一般的に知られる『法句経』は漢訳された名称で、元のパーリ語では『ダンマパダ』です。

薬師寺は奈良時代から続くお寺ですが、その頃から残っている建物は東塔ただひとつです。鎌倉時代や安土桃山時代の建築もありますが、伽藍《がらん》の多くの建物は昭和以降に再建されています。そんな伽藍の復興の原動力となった高田好胤管長《こういんかんちょう》は、般若心経《はんにゃしんぎょう》をわかりやすく説いた「空《くう》の偈《げ》」というお経を作ってはります。

——かたよらない心 こだわらない心 とらわれない心

ひろく ひろく もっとひろく これが般若心経 空の心なり——

仏教では「中道《ちゅうどう》」、つまりかたよらず、こだわらず、とらわれない、ニュートラルな状態をキープして生きることを理想とします。リアルで関わる世界だけでなく、インターネットを介して多すぎる情報に翻弄されている私たちは、とても揺らぎやすいもの。特にスマホは、依存しすぎてしまうと脳がオーバーフローする「脳過労」などの悪影響が指摘されているようです。まずは寝る数時間前からスマホの使用を控えたり、スマホを置いてさんぽに出かけたりして、デジタルデトックスしてみてもよさそうです。今や断食より、ネット断ちが修行になる時代かもしれませんね。

097

可愛い　綺麗　個性的　面白い
人に褒められても全然信用できない

鬼という　恐ろしいものは　どこにある　邪見な人の　胸に住むなり

［一休宗純のことば］

恐ろしい鬼はどこにいるのか。ほかでもない、邪な見方をする人の心にいるのだ。

庶民の間でも人気が高かったがゆえに、一休宗純の名言には本当に本人が言ったのかハッキリしていないことばも少なくありません。

少なくとも『狂雲集』『自戒集』は本人の作とされていますが、このほかに著書と伝わるものにさえ偽書が含まれていると考えられています。

仏教では心にもないお世辞を言うことを「綺語」といって、慎むべき十の言動「十悪《じゅうあく》」のひとつとされています。あなたを褒めている人が、ほんまはそう思ってへんのにお世辞でゆうてはる可能性は、確かにゼロではありません。でもそれは、その人がうっかり煩悩に流されてゆうてしもてるのであって、受け取る側のあなたが最初から決めつけることやないんやないかと思います。

おなじく十悪に数えられているものの中に、「邪見《じゃけん》」があります。よこしまなものの見方のことをいいます。正しいことを疑い、間違っていると決めつけてしまうことです。そんなふうにシャッターを下ろしてしまった心には、鬼が住むと一休さんはゆうたそうです。まさに、疑心暗鬼。疑う心には鬼がひそんでいるんです。

相手の本気度はさておき、せっかく褒めてくれてはるなら、素直に「ありがとう」と受け入れつつ、自分が調子に乗らないように心の中で話半分にしておくぐらいがちょうどええ塩梅《あんばい》なんちゃうかなと思います。

098

独身主義って思われてるかもしれませんが自分だけ結婚できてない感じです

(道に)思いをこらし、堪え忍ぶことつよく、つねに健《たけ》く奮励する、思慮ある人々は、安らぎに達する。これは無上の幸せである。

［法句経　二三］

自分の心に真面目にひたむきに向き合い、ねばり強く耐え、常に心身ともに健やかに頑張る。そのように思い、実践することができる人々は、悟りの境地に達する。これはこの上なく幸せなことである。

結婚って、相手のあることなので思い通りにいかないですよね。世の中の夫婦の数だけ、それぞれの夫婦のなり方があって、あんまり安易に言いたくないですが、結局のところいわゆる「ご縁」ってものなのだろうとは思います。ただ、結婚はゴールではなく、新たな生活のスタートにすぎません。結婚してから日々を重ねる中で、やっぱり世の中の夫婦の数だけ、それぞれにいろいろあるでしょう。いろいろ。

あなたがこの先結婚するかしないか、それはわかりません。でも、今現在ないものにこだわってないものねだりしてしまうよりは、投げやりにならず、ブレずによい行いを続ける「不放逸《ふほういつ》」を心がけるのがええと思います。お釈迦さまが弟子たちに言い残した最期のことばも、このことばだといわれています。

今を大切に生きることで、いわゆる「お一人さま」人生をエンジョイするのもアリですし、ご縁があってどなたかと結婚することになったらなったで、夫婦のいろいろもうまいこと乗り越えていけるのではないかと思います。

099

いろいろあって引きこもり

自己こそ自分の主《あるじ》である。他人がどうして(自分の)主であろうか？ 自己をよくととのえたならば、得難き主を得る。

［法句経 一六〇］

自分こそが自分の主人である。他人が自分の主人になることがあろうか、いや、ない。自分をしっかりととのえ制することができれば、自分が自分の素晴らしい主人になる。

……いろいろあったんですね。そのいろいろのすべてはわかりませんが、そうしなければ自分を守れないときは、引きこもってもいいと私は思うんです。心が瀕死の重症を負ってしまっていたら、自分で自分を保つことすらできません。公私問わず借りられる手はお借りして、ときには戦略的撤退するんも全然アリやと思います。

ところで仏教では、まず前提として自己は誰よりも愛するべきものと位置づけられています。おなじ『法句経』に「自己を愛しいものと知るならば、自己をよく守れ」とも説かれています。優れているからでも、偉いからでも、賢いからでもなく、何にもできなくったって、自分を愛していいんです。ただし、この場合の「愛」は、ナルシスト的に自分さえよければいいという「我愛」ではなく、ありのままの自分を受け入れること。自分を正しく愛せるようになると、他人もそれぞれに自分で自分を愛していることに気づけるはずです。

人生は思い通りにいかないことだらけです。特に自分以外の人は思い通りになりません。一番なんとかできる可能性があるとしたら、自分だけやと思います。あなたを苦しめている〝いろいろ〟に向き合う前に、まずは自分を愛しましょう。

100

今日もダラダラ寝てた　明日もダラダラ寝てそう　私のやる気スイッチどこですか

怠りなまけて、気力もなく百年生きるよりは、堅固につとめ励んで一日生きるほうがすぐれている。

［法句経 一一二］

怠けてダラダラとなんとなく一〇〇年生きるより、しっかりと頑張って生きる今日一日の方がずっと素晴らしい。

私も寝るのが好きです。歳を取ると長く寝られないと聞くんですが、四十代後半になっても相変わらずです。でも仏教では睡眠欲も煩悩のひとつとされていて、適切な時間以上の睡眠は、行の妨げにしかならないと考えます。薬師寺でも「竪義《りゅうぎ》」という一人前のお坊さんになるための及第試験にあたる行の際には、横になるのさえダメなんです。

やる気スイッチなんてものがあって、ポチッと押すだけでやる気を出せたらいいですよね。でも、やる気っていうのはエネルギーであって、仏教でいうと「縁」なんです。何をするかを決めるのがスタート（＝因）で、やる気というエネルギーを縁のひとつとして、ゴール（＝果）を決める。つまり、やる気は何かしらかをやってく中で出てくるものなので、スイッチは装備されてない仕様です。ありもしないスイッチを探す手間が省けたと思うので、まずは何に対してやる気を出さなきゃいけないかをハッキリさせましょう。

本当なら今すぐ寝たい私ですが、今まさにこの本の原稿の締め切りに追われてます。必死です。でも本を出したい気持ちはあるので頑張ってます。本を出したい私の想いが因となって、あなたの手に届く本という果に無事なってるといいなぁ。

101

なんとなく不調　晴れの日がなくて ずーっと曇りの日が続いてるみたい

不知足《ふちそく》の者は、天堂《てんどう》に処すといえども、また意《こころ》にかなわず。不知足の者は、富めりといえどもしかも貧し、知足の人は貧しといえどもしかも富めり

［遺教経《ゆいきょうぎょう》］

満足することを知らない人は、たとえ幸せにあふれた天上に住んでいても、心が満たされることはなく、どんなに豊かであっても心は常に貧しい。満足を知る人は貧しい生活をしていても、心は常に豊かである。

正式には『仏垂般涅槃略説教誡経《ぶっしはつねはんりゃくせっきょうかいきょう》』。元のお経は残っていませんが、鳩摩羅什による訳で知られ、お釈迦さまの最期の説法の様子が描かれています。

晴れの日もあれば、雨の日も、曇りの日もあり、春が来れば夏、秋、冬、そしてふたたび春を迎える。最近だいぶ夏が長くなった気もしますが、それでも日本のようにハッキリと季節が四季に分かれる地域は世界的には少ないようです。天気もおなじくで、たとえばロンドンは年間を通じて曇りの日が多いと聞きます。

天気も季節も、あなたがコントロールすることはもちろんできません。でもあなたの心の曇り空はあなたが作り出したものですから、なんとかできます。残念ながら即効性のある特効薬みたいなものはないですが、まずは今自分の置かれている環境を見回して、悪くないやんと思えるところを探してみてください。

息からととのえるのもおすすめです。天台宗を開いた古代中国の僧侶・智顗《ちぎ》さんの『天台小止観《てんだいしょうしかん》』によると、呼吸には風《ふう》・喘《ぜん》・気《き》・息《そく》の四つの種類があり、音もなく、つっかえもせず、息をしているのかしていないのかわからないぐらい静かでなめらかな呼吸を「息」と呼び、理想とするそうです。そこまではできなくとも、自分の手の中からええもんを探しながらゆったりと深呼吸して、心のモヤモヤを吹き払ってしまいましょう。

102

消えたい

喜びにみちて仏の教えを喜ぶ修行僧は、動く形成作用の静まった、幸いな、やすらぎの境地に達するであろう。

〔法句経　三八一〕

喜びに満ちあふれて心から仏教を学ぶ僧侶は、すべてが穏やかで動じずに、幸せで安らかな境地に到達する。

「死にたい」のは「生きていたいのに死にたくなるほど辛い」という状態なのだと思いますが、「消えたい」となると、自分をそもそもなかったことにしたいという感じでしょうか。幸せだと感じる瞬間もなく、虚《うつ》ろにただポツンと存在しているだけの自分に何の期待も興味も持てないのだとしたら、それはよほど辛い状況なのだと思います。

仏教の悟りの境地を「無我の境地」といったりもしますが、これは心をがんじがらめにするすべての執着から解放された静かで穏やかで幸せに満たされた境地です。自分のすべてを否定し虚無感にとらわれ、何も感じなくなっている状態ではありません。余計なものが何ひとつなく喜びだけに満ちた状態が「無我」だとすると、「虚無」はどこまでも続く真っ暗闇の中に、認識することができないほどの苦しみや悲しみが詰まっている感じがします。

どんなに小さなことでもええと思います。今現在にまったく喜びが見出せなければ、過去の中からでもええから、喜びの粒を探してみてください。喜びを思い出そうとすれば痛みもよみがえるかもしれませんが、痛みを感じたら、自分の苦しみにも気づけるはずです。世の中に不変なものなどありません。大丈夫。消えたい気持ちも、いつか必ず消えます。

103

恋したらまっしぐら　他のことは全部どうでもよくなる（でも何回目かです）

恣《ほしいまま》のふるまいをする人には愛執が蔓草のようにはびこる。林の中で猿が果実《このみ》を探し求めるように、(この世からかの世へと)あちこちにさまよう。

〔法句経 三三四〕

自分勝手にふるまう人の心は、つる草がはびこるように欲望で埋め尽くされる。そしてまるで猿が果物を求めてあっちの林からこっちの林へと右往左往するように、さまざまな世界をあてどなくさまようことになる。

『スッタニパータ』七九一でも、執着を乗り越えられない人々の姿は、猿の行動にたとえられています。

世の中には恋愛ドラマ、恋愛マンガ、恋愛ソング、恋と愛があふれています。恋とはちょっと違うかもしれないけれど、二次元三次元を問わず好きな人やキャラクターを応援する「推し活」にハマっている人も多いそうです。

好きな人や推しへの想いが、よりよい自分を目指すエネルギーになるなら、それもいいと思います。ただ、そういう想いってすごくコントロールしづらいと思うんです。自分のこと以上に相手のことを考え、使えるだけの自分の時間を費やし、その界隈でいうところの「お布施」として金品までも注《つ》ぎ込んでしまう。何かにのめり込むことを「沼る」とゆうたりするようですが、まさに沼ですね。一途にガーッと行く人もいれば、沼から沼へと引っ越すタイプもいはるみたい。沼ることに沼るというカオス……！

恋にせよ、推し活にせよ、自分で自分をがんじがらめにしてしまうと沼で溺れてしまいます。あなたを幸せにできるのはあくまでも、ほかならぬ自分だけです。沼っても泳げる程度には、自分をキープするように心がけてくださいね。

104

ルーティンを繰り返すことに安心する このルーティンがいつか崩壊するのが怖い

唯識は倦《う》まず弛《たゆ》まずぼちぼちと。

［橋本凝胤《ぎょういん》のことば］

唯識という教えは途方もなく難しく、一朝一夕では身につかない。それでもうんざりせずに、手を抜かないで一歩一歩進んでいこう。

薬師寺では、単に「管長さん」というと高田好胤管長、「長老さん」というとその師匠である凝胤長老を思い浮かべます。それだけ私たちにとって、この世を去られてなお身近に偉大なおふたりなんです。

薬師寺では、長い歴史の中で失ったお堂のほとんどを昭和以降に再建しています。皆さんにお写経をお勧めして納めていただいたご浄財《じょうざい》によって建てられたお堂には、そのお写経がぎっしりと収められています。お写経勧進《かんじん》を呼びかけ、伽藍復興に尽力したのが高田好胤管長ですが、伽藍復興は師である橋本凝胤長老の悲願でもありました。戦後の苦しい時代、生家から預けられる形で薬師寺に入られた高田管長にとって、おじいちゃんと孫ぐらい歳の離れた橋本長老は厳しい師やったようですが、その一方で慣れない手つきで遠足のお弁当におにぎりを握ってもらったことなどを管長さんは述懐してはります。

「唯識三年、倶舎《くしゃ》八年（まず倶舎論を八年学んだ後、三年学んでようやく唯識を理解できる）」とされているものの、愚僧の私には十一年じゃとても無理です。最初の方はまだしも、途中から難しすぎて宇宙に放り出される感じです。とにかく仏教の教えの中でも難解な教えのひとつとされる唯識を学ぶことに対し、橋本長老がゆうてはったのが、このことばやったそうです。ルーティンをひたすら繰り返すことは、偉大です。こだわりすぎなければ。ステップアップするたびに、新たなルーティンを作ればいいだけ。ぼちぼちといきましょう。

105

働いたら負けだと思ってる でもどこかでマズいとは思ってる

また以前は怠りなまけていた人でも、
のちに怠りなまけることが無いなら、
その人はこの世の中を照らす。
――あたかも雲を離れた月のように。

［法句経 一七二］

以前はなまけていた人でも、今は頑張っていて、なおかつこの先なまけることがなければ、その人は世の中を照らす人になるだろう。雲に隠れていた月が顔を出せば輝くように。

正直に懺悔しますね。私、働くより勉強したいっていう気持ちがちょっぴり……いや、だいぶあって、お坊さんになったんです。お坊さんがこんなに忙しいって知らへんかったし。もうひとつ、懺悔しますね。今現在通常業務で手一杯、家帰ったら力尽きて、なかなか勉強できてないんです。せやからこの本でも偉そうなことを言うつもりはないです。

「働いたら負け」の言い出しっぺが誰なのかはよくわかりませんが、テレビ番組の取材に「働いたら負けかなと思ってる」と答えた無職の青年のひと言がインターネット上で拡散されたようです。また、明治から昭和初期あたりにも、高等教育を受けているのに働かず自由気ままに暮らす人が「高等遊民」と呼ばれて、ちょっとした社会現象になったとか。世俗を嫌ってやってることの内容はともかく、どちらにせよ、いわばニートですし、勝ち負けとか高等とか、自分より誰かを下に見てる時点で、煩悩には負けちゃってますね。

身体の筋力も使わないとあっという間に落ちる（経験済み）ように、心も磨かなければあっという間に錆びつきます。マズいなと思うなら、大丈夫。今からでも遅くない！

106

アイツさえいなければ忘れたいのに忘れられない憎いヤツがいる

極めて性《たち》の悪い人は、仇敵がかれの不幸を望むとおりのことを、自分に対してなす。――蔓草が沙羅の木にまといつくように。

〔法句経 一六二〕

心根の悪い人は、仇《かたき》が望むとおりの不幸に、自らを陥れる。ちょうど、つる草が沙羅の木にまとわりついて覆い隠し、枯らせてしまうように。

よからぬことばかりしていると、怨んでいる人が手を下すまでもなくやがて自滅するということ。

沙羅の木はお釈迦さまが亡くなったところの周囲に生えていたとされる、仏教にゆかりの深い樹木ですが、日本の気候では育ちません。

お釈迦さまの弟子の中に、チャンナというヤバい人がいました。お釈迦さまが王子やったときからお仕えしていて、しかも誕生日もいっしょってことで勘違いしてしまったらしく、他の弟子に嫉妬して悪口を言うわ、戒律を犯すわ、お釈迦さまにいさめられてもしばらくすれば元通り。周りのお弟子さんたちも手を焼いていたようで、お釈迦さまが入寂される（亡くなる）直前に、十大弟子の一人であるアーナンダさんが「チャンナはどうしたらええですか？」とお釈迦さまに相談すると、答えは「無視しとけ（黙擯《もくひん》）」やったそうです。

いわば身内であるご自分の弟子の中にこんなスゴいのんおって、腹を立てもせず、気落ちもしはらへんかったのは、さすがお釈迦さま。ちなみにお釈迦さまの入寂後、アーナンダさんに呼び出され「お釈迦さまから、無視しとけと言われた」と聞かされたチャンナさんはショックで気絶。それを機に心を入れ替えたそうですが、あなたにはまだチャンナさんが素直に思えるかもしれませんね。今日日《きょうび》、無視するぐらいで相手は変わらないでしょうけど、憎いヤツなんてスルー＆（自分の心の中では）デリートでＯＫです。わざわざそんなヤツをツタのように心にまとわりつかせて、あなたの人生を翳《かげ》らせないで。

107

ワガママな人が羨ましい ワガママな自覚もなさそうでさらに羨ましい

恥を知らず、烏《からす》のように厚かましく、図々しく、ひとを責め、大胆で、心のよごれた者《ひと》は、生活し易い。

〔法句経 二四四〕

カラスのように恥知らずで、傲慢で、慎むことがなく、何でも他人のせいにして責め立て、粗暴に振る舞い、心の汚れた人。そんな人の方が、この世ではかえって生活はしやすい。

カラスって賢くて、綺麗な鳥やと思うので個人的には好きなんですが、仏典ではこんなに悪くいわれてて悲しくなります。そういえばキリスト教でもカラスは悪者扱いですよね。それはさておき、ワガママは漢字で「我儘」と書きますが、書いて字の通り、〝何でも我が（＝自分の）儘（＝思い通り）にしたい〟と強情を張るという煩悩です。

ワガママな人は自分の利益しか見えておらず、人のことはお構いなしですから、ストレスも少ないはずです。俺のものは俺のもの、お前のものも俺のものって口で言うだけでなく本当に奪い取ろうとしそうですし、いざというときには真っ先に逃げ出すでしょうから、日本一有名なガキ大将、ジャイアンとは大違い。ワルぶってぶっきらぼうにしていても、我が身を危険にさらしてでも友だちを助けようとするジャイアンは、善友、いや心の友ですから。ワルぶらなくていいのにね。シャイなんやろな。

我儘という煩悩に流されてるだけの人に羨みという煩悩を抱いちゃうなんて、仏教用語でいえば「顚倒《てんどう》」状態です。あべこべのしっちゃかめっちゃかですわ。でも、恥を知らず、厚かましく、図々しい人と思われるような人になりたくなんかないですよね？　ワガママできたらラクやのに、と思いながらもせーへんあなたは正解です。

108

生きる意味ってなんですか

蜜蜂は（花の）色香を害《そこな》わずに、汁をとって、花から飛び去る。聖者が、村に行くときは、そのようにせよ。

〔法句経　四九〕

蜜蜂は蜜を集めるために花の間を飛び回るけれど、あえて花を傷つけることはない。そんな蜂のように、道を求める人は正しい目的のための行いだけをしなさい。

私たちはなぜ生まれてきたのでしょうね？　仏教では、業（カルマ）ゆえに生まれてきたと説きます。業というのは行動とその結果ですが、『増支部《ぞうしぶ》』という古い仏典に、お釈迦さまが「業の果報についてあんまり突き詰めて考えると気が触れるで」と止めはった、と書かれているので〝業ってもんがあるんやなぁ〟ぐらいに思ってください。では生きる意味はなんでしょうか。びっくりされそうですけど、仏教では「ない」って考えます。意味があるから生まれたのではなく、業によって生まれてきたと考えるんです。

「物心がつく」といいますが、それって生まれてきてからのことであって、振り返ってみれば、私かて生まれる前に意志を持って生まれることを決意した覚えはないです。誰もが自分で知らん間に生まれていて、親をはじめさまざまな方のお世話になって、ある程度の年齢で物心がついて自我が芽生え、現在に至ってるわけです。ただ生まれて、そこからどう生きるかっていうことを考え始めることになるので、順序が違うんですね。

蜜蜂が花びらも香りもそこなわずに蜜を集めるように、目的に対してひたむきに生きることで、結果的に見つかるものが「生きる意味」なのだろうと思います。

薬師寺にようおまいり

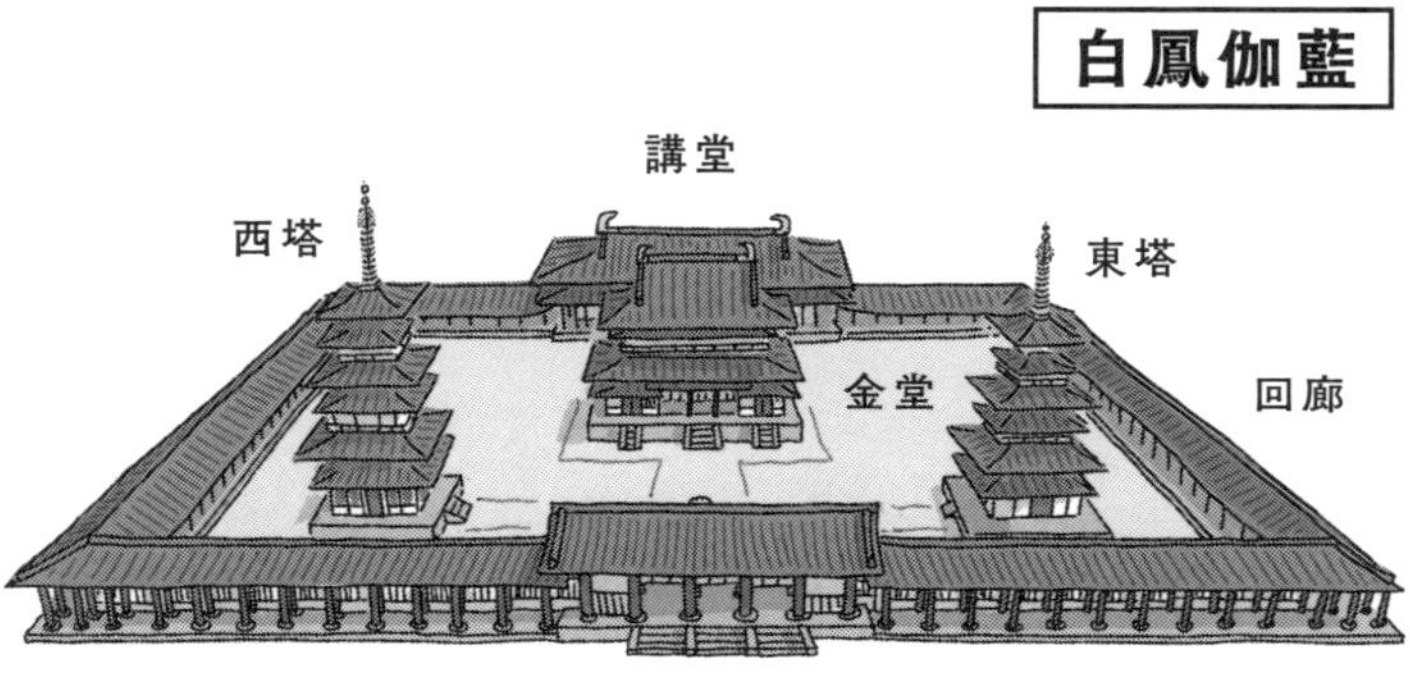

私のいる薬師寺というお寺は、最初から今の場所にあったわけではありません。飛鳥時代の都である「藤原京」にあり、現在の奈良県橿原市の東南に本《もと》薬師寺跡が残っています。七一〇年の平城京への遷都にともなって、平城京右京六条二坊の現在の地へと移されました。

中央にはご本尊をおまつりする金堂、その東西にふたつの塔が建っています。こうしたお堂の配置は薬師寺が日本初であることから「薬師寺式伽藍配置」と呼ばれています。

ちなみに私の推しは回廊の外側にある東院堂の横にいはるお地蔵さま。ほほに手を当てておられる様子がなんだか愛らしくて、歯痛にご利益があるともいわれています。ちょっと見つけづらいですが探してみてください。

六八〇年に薬師寺を建てるという願をお立てになられたのは、第四十代の天武《てんむ》天皇さま。皇后の病気平癒を願われてのことやったんですが、完成を待たずにご自身が崩御されます。この皇后が持統《じとう》天皇さまとして即位されたのち、六九七年にはご本尊の薬師如来さまの開眼法要が行われ、翌年には工事を終えて僧侶が暮らし始めていたことが平安時代の史書『続日本紀《しょくにほんぎ》』に記されています。

激動の生涯をともにされた天武天皇さま、持統天皇さまは、ご夫妻でおなじ御陵に合葬されています。薬師寺では、毎年天武天皇さまの命月にあたる十月八日に天武忌法要を執り行い、その翌日には僧侶一同で、現在の明日香村にあるおふたりの御陵を参拝しています。

　金堂におまつりしているご本尊の薬師三尊は、国宝にも指定されていて、中央に薬師如来さま、左右に日光菩薩さま、月光《がっこう》菩薩さまがいはります。心身の健康をお守りくださるお薬師さまがお医者さんやとすると、日光さまは日勤、月光さまは夜勤の看護師さんといえるでしょう。二十四時間三六五日、皆さんを見守ってはります。日頃の感謝を込めて、年末などにはお身体を拭き清める「お身拭い」をしていることもあってか、一三〇〇年以上前の白鳳時代に造られたとは思えないほどお肌ツヤッツヤです。
　ちなみに、お薬師さまの台座(須弥座《しゅみざ》)には、葡萄唐草文様＝ギリシャ、蓮華文様＝ペルシャ、力神＝インド、四神《ししん》＝中国と、シルクロードのモチーフがギュッと集まっています。

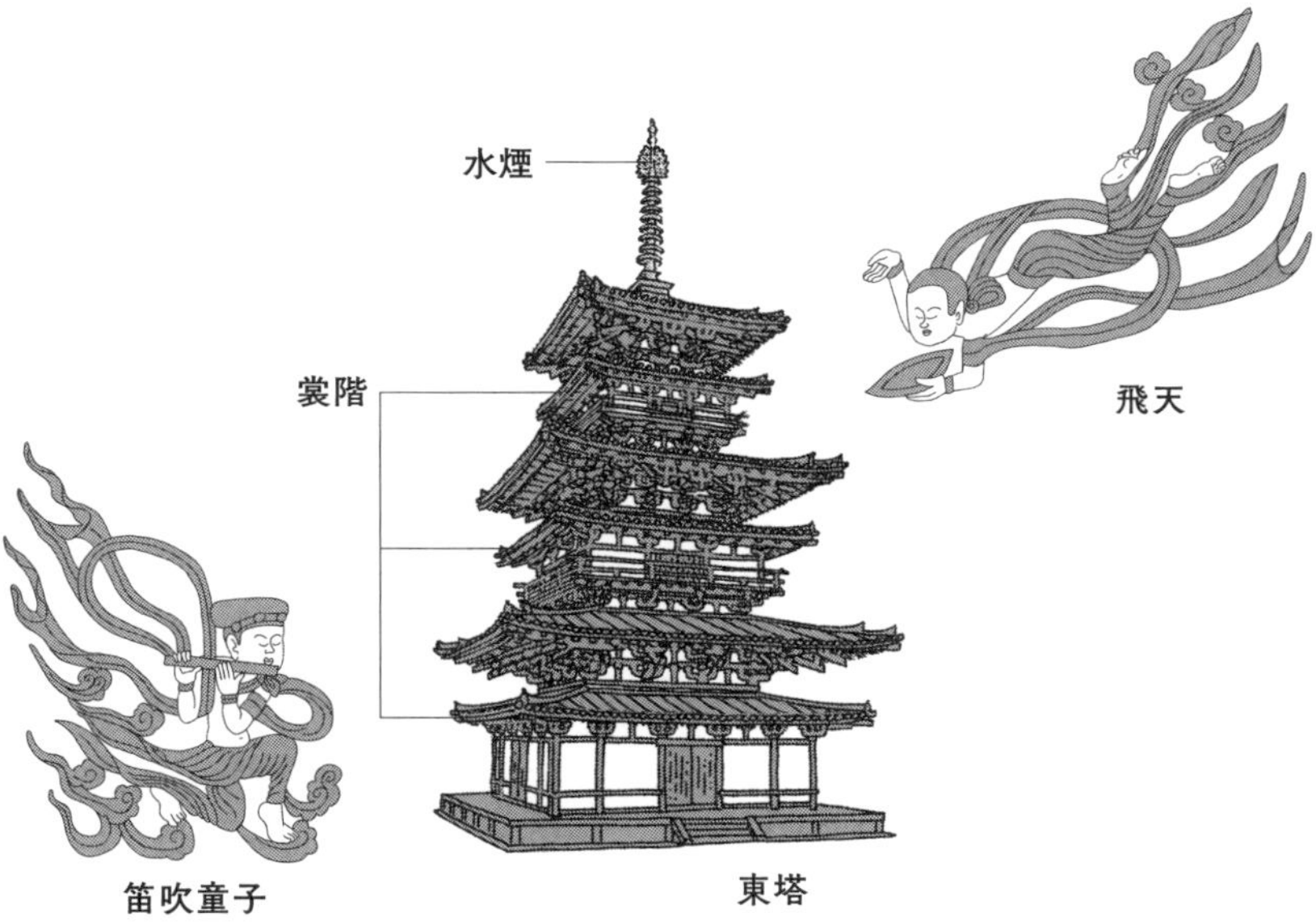

薬師寺の中で唯一、創建当初から現存しているのが国宝・東塔です。六つの屋根がありますが、六重ではなく三層構造の三重塔で、小さな屋根は「裳階《もこし》」と呼ばれる飾り屋根です。薬師寺の主要なお堂にはこの裳階がつけられていて、その壮麗な姿は「龍宮造り」と讃えられています。

見慣れていても、東塔はほんま美しい塔です。目を凝らしても見えないてっぺんの装飾金具「水煙」まで美しい。飛天や笛吹童子が透かし彫りされていて、まさに「神は細部に宿る」です。

東塔は二〇〇九年からおよそ一一〇年ぶりとなる大規模な修理を行っていましたが、二〇二三年に無事修理の完成を祝う落慶《らっけい》法要を執り行いました。一〇〇〇年先にもこの美しい塔を残せることを願っています。

むすびに

この本を手に取り、あとがきまで読んでもろてありがとうございます。書きながら、自分の経験を棚おろししたり、自分に向き合っては「書くほどできてへん」と何度も心が折れかけました。そのたびに、それじゃ書いてることと矛盾するやんと思って気を取り直しながら、今これを書いているところです。

最初から順に最後まで読んでくれはった方の中には「何度もしつこくおなじことばっかりゆうてへん？」って思った方もいはるかもしれません。もしいてはったら、正解です。何にいちばん苦労したかって、お釈迦さまの言わはる本当の意味での〝処世術〟を突き詰めると、ひとつしかない（と、私は思ってる）からです。

それは、ざっくりゆうたら〝まず自分ありきやで〟ってことなんやと思います。

人が煩悩に振り回されてしまうのは、いろんなことが思い通りにいかへんから。思い通りにいかへんのは、他人と自分を比べる、つまり他人と自分を分けて考えるから。せやし、心の中の他人のことを考えるスイッチを一旦全部切って、まずは自分で自分をしっかり見つめ、ちゃんと大事にする。ここまで読んでくれてはったらわかると思いますが、自分の利益やなくて、自分自身を、です。そして出会う人の中から、できればよき師や友を持つ。自分のためにするように、人のためになることをする――。そんな〝自分ありき〟の次のステップは、自分と他人の垣根を取っ払っていくことになります。

煩悩は、数珠つなぎになった発火装置みたいなもので、一個爆発すると連鎖的に爆発、しまいには炎上します。そこまでいくと消火しづらく、他人もですが、自分も苦しみ、大きな傷を負うことになります。せやし、ひとつずつというよりは、全体的にカサを減らしてくのがええんやろうなと(自分でもできへんくせに)思いますが、ともかく煩悩を減らしてくと、人との摩擦も減ってくのでラクになり、自分のためにするように他人のためにできることが増え、他人の喜びも自分の喜びになって、自分と他人の分け隔ても小さくなっていく。そして最終的にあらゆる苦が消え去る。そんなゴールを悟りというんやろうと、悟れてへん私なりにイメージしています、今のところ。実際悟ったら、どんな感じなんでしょうね。ラクなんか、楽しいんか、スッキリしてるんか、満ち足りてるんか……私も気になりますが、そんなん考えてるうちはあかんのかもしれませんね。

残念ながら「頭を剃ったからとて、いましめをまもらず、偽りを語る人は、〈道の人〉ではない。欲望と貪りにみちている人が、どうして〈道の人〉であろうか？」という『法句経』(二六四)のことばに心拍数が急上昇して冷や汗がドバッと出てしまう煩悩だらけの私には、悟りの境地なんてイメトレだけで終わってしまう可能性大ですが、この本につづったことばは、いつでも私の頭の片隅、心の引き出しにあります。せやから少しずつやけど、昔よりは煩悩オフできてます。たぶん。

悟りは誰かがくれるものではなく、自分で得るもの。仏教にはどこからともなく助けに来てくれるスーパーヒーローは登場しません。仏教を興した人、つまりお釈迦さまかて、最初から悟ってたわけではなく、小さな気づきをきっかけに悩んで悩んで悩み抜いて、開いた境地が悟りなわけです。せやから、「仏」はいてるとしたら、きっと、自分の中、人の心の内なんやと思います。

ともあれ最後に、私の師匠の師匠である先達《せんだつ》のことばで締めくくりたいと思います（本文にも書かせてもらいましたけど）。「倦まず　弛まず　ぼちぼちと」。飽きずに、手を抜かずに、ぼちぼちやりましょう。人間は急に変われるもんやないからゆっくりと、明日もお互いに頑張りましょう。

合掌

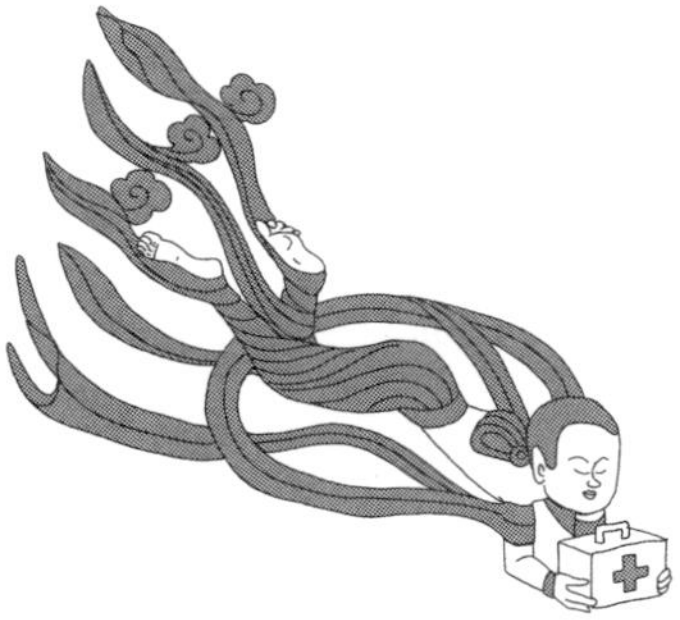

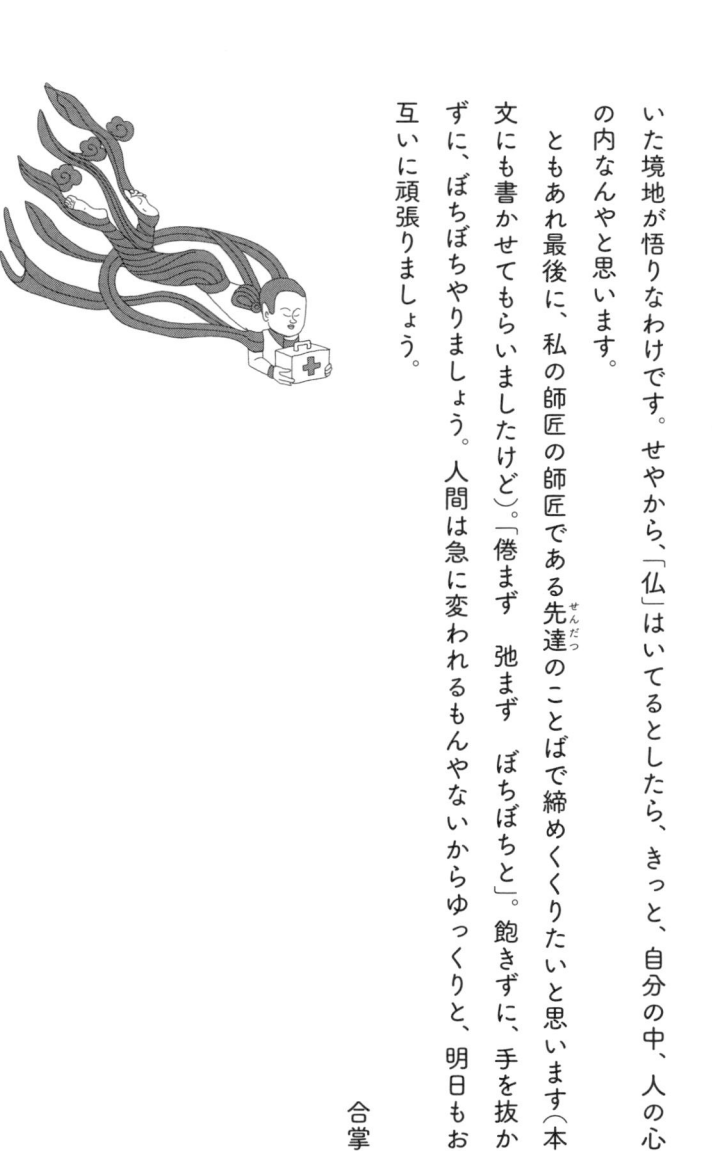

＊本書で引用している［法句経］及び［ウダーナヴァルガ］は『ブッダの真理のことば・感興のことば』、［スッタニパータ］は『ブッダのことば』、［サンユッタ・ニカーヤ］は『ブッダ 神々との対話』『ブッダ 悪魔との対話』（すべて中村元・訳、岩波書店）に拠った。

Staff
構成・文・編集　船津麻子
装　丁　新井国悦［PEDAL DESIGN］
イラスト　北石照与
編集担当　原田百合子

昨日も今日もおなじことしてる
きっと明日もおなじことしてる
このままずっと変わらないの？
奈良・薬師寺のお坊さんが処方する108のことばサプリ

2025年3月11日　第1刷発行
著　　者　根来穆道
発 行 人　鈴木善行
発 行 所　株式会社オレンジページ
〒108-8357　東京都港区三田1-4-28　三田国際ビル
電話03-3456-6672（ご意見ダイヤル）
048-812-8755（書店専用ダイヤル）
印刷・製本　中央精版印刷株式会社

ISBN978-4-86593-729-9
Printed in Japan